本书系贵州省哲学社会科学规划项目 2014 年度青年课题
（课题编号：14GZQN34）研究成果

雏形到完善：中国中小学语文课程标准文本的分析与审视

谢 平 著

西南交通大学出版社
·成都·

图书在版编目（CIP）数据

雏形到完善：中国中小学语文课程标准文本的分析与审视 / 谢平著. —成都：西南交通大学出版社，2018.1
ISBN 978-7-5643-6014-6

Ⅰ. ①雏… Ⅱ. ①谢… Ⅲ. ①语文课 – 课程标准 – 教学研究 – 中小学 Ⅳ. ①G633.302

中国版本图书馆 CIP 数据核字（2018）第 005895 号

CHUXING DAO WANSHAN：ZHONGGUO ZHONGXIAOXUE YUWEN KECHENG BIAOZHUN WENBEN DE FENXI YU SHENSHI

雏形到完善：中国中小学语文课程标准文本的分析与审视
谢 平 著

责 任 编 辑	祁素玲
封 面 设 计	原谋书装
出 版 发 行	西南交通大学出版社 （四川省成都市二环路北一段 111 号 西南交通大学创新大厦 21 楼）
发行部电话	028-87600564　028-87600533
邮 政 编 码	610031
网　　　址	http://www.xnjdcbs.com
印　　　刷	成都中铁二局永经堂印务有限责任公司
成 品 尺 寸	165 mm × 230 mm
印　　　张	10
字　　　数	148 千
版　　　次	2018 年 1 月第 1 版
印　　　次	2018 年 1 月第 1 次
书　　　号	ISBN 978-7-5643-6014-6
定　　　价	45.00 元

图书如有印装质量问题　本社负责退换
版权所有　盗版必究　举报电话：028-87600562

前言

一部中国语文教育史，就是一条中国人追寻语文教育现代化的艰难之路。这条艰难之路，痕迹最深的莫过于我们对语文课程标准（教学大纲）的现代化、科学化、质量标准化的探索。一直以来，我们的语文教育教学的标准由社会需求决定，即国家需要什么样的人才，我们就培养什么样的人。比如古代，取决于当时的人才培养和选拔机制。其中到明清时期最甚，科举制和"八股文"紧密地联系在一块。古代并没有正式（包括非正式）的类似于语文课程标准的指导性文件，更多的是人才选拔机制（功利取向或社会取向）"反规范"语文课程与教学内容。比如，科举制度"反规范"语文课程与教学的内容——"八股文"。到清末，教育部门面临内忧外患，不得不做出变革，依葫芦画瓢学日本，制定了壬寅学制，最终却未实施。壬寅学制将古代语文教育划分为经学、语言和文学。这是"被迫"的改革和"茫然"的学科划分，所有的一切，都是当时大变局下当局者"恍然无措"的决定。1904年，经过修订的壬寅学制颁布实施，也就是癸卯学制。自此，中国的教育正式走上现代化的道路。语文正式成为一门学科。自此，西方的现代教育话语系统和中国传统教育话语系统在矛盾与融合的纠结中走到今天。为解决这一冲突，在整个清末民国时期，语文教育经历了"中体西用"的硬撑，教会学校的冲击，学德国经验的壬子—癸丑学制、学美国实用主义教育的壬戌学制以及后来国民政府对壬戌学制的改革。这一段路程，语文课程标准的制定走过了从模仿、全盘接收再到结合本国实际的探索之路。对语文学科的认识，也从社会、经济、政治的角度逐步向对语文学科本身、文化的角度转变。这一转变是重要的和关键的，对于只有百年历史的现代意义的语文学科来说，清末民国时期对语文课程标准的研制的探索努力是值得肯定的。比如，1923年研制的中小学国语课程标准，整体课程标准框架结构及内容要素等可以成为今天语文新课程标准的观照与反思。从某种程度上说，当下的语文课程改革，是对20世纪上半叶的探索和语文学科本身认识的一种"回归"。

"语文课程标准的研制，必须体现国家或地区的语文教育政策，同时也是一项严肃的学术工作。"[1]既要关照当下国内外基础教育改革的动向与理论前沿，也要对过去的语文教育改革历史进行考察。对清末民国时期语文课程标准的观照属于后一种，对过去的考察是因为任何改革都逃脱不了过去的掌心。美国著名社会学家希尔斯说："传统应该被当作是有价值生活的必要构成部分。"[2]关键在于：我们如何去认识与挖掘传统。中国语文教育有着几千年的历史，有着它自身的特点，"是历代语文教育的演进中积淀并流传下来的教育文化成果。它既有思想、理念层面的内容，也包括原则和方法等操作层面的东西。作为我国传统语文教育的结晶，它散发着中华民族教育文化固有的魅力和特质，充分挖掘和阐扬我国优秀的语文教育传统，不仅对于认识我国古代灿烂的教育文化遗产具有积极意义，也是新世纪语文教育改革无法逾越的起点"[3]。

清末民国时期是我国语文课程开始独立呈现，逐渐发展完善的时期，这一时期颁布的语文课程标准有许多宝贵的经验与教训值得我们吸取。主要体现在以下三个方面。

第一，从历史认识层面来说，对这一时期语文课程标准的梳理和

---

[1] 王荣生.求索与创生：语文教育理论实践的汇流[M].济南：山东教育出版社，2013：3.

[2] 〔美〕爱德华·希尔斯（Edward Shils）.论传统[M].傅铿，吕乐，译.上海：上海人民出版社，1981：29.

[3] 宋灏江，刘正伟.承传与创新：新课程与语文教学传统[J].中学语文教学参考，2003（11）.

分析，有助于提高当下中小学语文教师对语文课程与教学的认识。

第二，从操作层面来说，这一时期语文课程中有关课程目标、教学内容标准和实施意见以及教材编写建议对今后的语文教育尤其是语文教学的发展起到无法忽视的作用。诸如阅读教学、写作教学及书法教育等。

第三，从理论层面来说，通过对清末民国时期语文课程标准的制定背景、嬗变和具体内容进行文本分析，寻找其发展的规律和现实的意义，当下的语文教师和学生能清楚地理解现行语文课程标准的形成过程，挖出语文课程标准的变化和发展的规律，以此推动它科学化的进程，丰富、发展和完善现行语文课程标准，使之更加符合语文教学的需要和时代、社会发展的要求。

谢 平

2017 年 7 月

目录

第一章	绪论	1
第一节	选题背景与问题提出	1
第二节	研究目的与研究意义	9
第三节	研究方法与本书的结构	12
第二章	晚清时期语文课程变革	14
第一节	晚清传统语文教育的危机	14
第二节	晚清时期传统语文课程的变革	18
第三章	清末民国时期语文课程标准的嬗变	26
第一节	壬寅—癸卯学制与我国语文课程标准的雏形	26
第二节	民国初期与北洋政府时期我国语文课程标准的逐步成形	34
第三节	南京国民政府时期我国语文课程标准的发展与完善	46
第四节	小结	51
第四章	清末民国时期语文课程标准的框架结构分析	52
第一节	清末民国时期语文课程标准框架结构的演变	52
第二节	清末民国时期语文课程标准框架结构演变的启示	58
第五章	清末民国时期语文课程标准的课程目标与教学内容板块分析	61
第一节	课程目标分析	61
第二节	教学内容板块分析	70

第六章 清末民国时期语文课程标准的教学内容分析　73

第一节　阅读教学内容分析　73
第二节　写作教学内容分析　92
第三节　口语交际教学内容分析　106
第四节　识字、写字教学内容分析　111

第七章　清末民国时期语文课程标准的评价与借鉴　117

第一节　清末民国时期语文课程标准的评价　117
第二节　清末民国时期语文课程标准的借鉴　120

第八章　结　语　132

附　录　关于2011年版义务教育语文课程标准对语文教学的影响度调查　134

参考文献　137

后　记　150

第一章 绪论

"语文课程标准的研制，是一项关乎国家或地区现实与未来的社会大工程，它必须回应国家或地区对国民素质的整体规划和期待，因而很大程度上属于国家或地区的政府行为。"[①]但是这并不意味着语文课程标准的研制和语文教师、语文教育研究无关，相反，基础教育阶段的语文教师、高校、研究机构人员有必要对语文课程标准进行研究和分析，为国家制定语文课程标准提供必要的学术支撑，以及针对语文课程标准在实际的教学中所出现的问题提出改善的建议或对策。我们最终的目的是构建基于标准的语文课程体系，为促进语文教学而努力。从历史层面来考察语文课程标准的研制，也是一种可行的路径。

第一节 选题背景与问题提出

一、选题背景

2001年，《全日制义务教育语文课程标准（实验稿）》（为方便表述，以下称为《2001年版义务教育语文课程标准》或《义务教育语文课程标准（2001年版）》）颁布后，许多人对"课程标准"这个词感到新奇。实际上，课程标准不是新词。最早以"课程标准"命名的文件是1912年公布的《普通教育暂行课程标准》，严格意义上的第一个语文课程标准是在1923年由当时的全国教育会联合会下属的"新学制课程标准起草委员会"讨论制定及颁布试行的《新学制课程标准国语（国文）课程纲要》。这一提法一直沿用到中华人民共和国成立，之后，由于受苏

[①] 王荣生. 求索与创生：语文教育理论实践的汇流[M]. 济南：山东教育出版社，2013：3.

联及全面学习苏联的影响，改"课程标准"为"教学大纲"。到 21 世纪初，又把"教学大纲"改成"课程标准"（简称为"课标"）。这次基础教育课程改革中以"课程标准"代替以往的"教学大纲"，不仅仅是简单的词语置换，而至少应包括三个方面的考虑："第一，要确立起新的知识观，从而走出课程目标的知识技能取向；第二，要确立起新的学生观，从而使个性发展成为课程的根本目标；第三，要确立起课程与社会生活的联系性，从而使新课程植入生活的土壤。"[1]这次课程改革的理念之新的确是前所未有，无论是语文教师还是学生乃至家长都对这次课程改革表现出极大的关注。目前对语文新课程标准的研究仍然是语文教育研究的一大热点，一方面，要对新颁发的语文课程标准的理念以及实施做进一步的研究，以利于更好地服务语文教学，切实提高学生的语文素养；另一方面，说明最新颁发的语文课程标准在实施的过程中还存在一系列的问题需要解决，新课标依然存在许多争议，如语文性质之争，这也是百年中国语文教育史上一直争论的一个重要问题。但是通过对相关文献的查阅，语文新课程标准出现的一些根本性问题依然没有得到很好的解决，如新课标中提倡的"整体感知""重视诵读""积累"的传统经验如何推广及应用。原因在于，我们的课程实施者在面对语文新课程标准时，往往引用西方教育理念来论证，而且语文新课程标准的基本理念一定程度上应用西方许多先进的教育理论。吸收国外先进教育理念固然重要，但是，正如美国社会学家希尔斯所说，几乎所有的改革都摆脱不了以往的影响。"确实，几乎所有改革都是针对传统而来，都是要去除传统中不合理的东西，但改革又深深地植根于传统。抛开传统，改革就无从谈起。作为世代相传、从过去流传下来并影响至今的东西，传统可能给改革带来阻力，但它同时也可能给改革提供助力。关键在于：我们如何去认识与挖掘传统。"[2]我国语文教育有着几千年的历史，有着它自身的特点，我们当下语文教育中存在的诸多失误，发生的诸多争论，细究起来，其实与我们对近代以

---

[1] 倪文锦. 初中语文新课程教学法[M]. 北京：高等教育出版社，2003：4-5.
[2] 宋灏江，刘正伟. 承传与创新：新课程与语文教学传统[J]. 中学语文教学参考，2003（11）.

来的语文教育缺乏了解有关。总结和思考以往的语文教育以及审视以往的语文课程标准,对今天的新课改有着重要的现实意义。因此,仅仅对语文新课程标准进行研究是远远不够的,要全面、深刻地认识语文新课程标准,就有必要对之前的语文课程标准或教学大纲进行梳理,在历史研究中总结经验和教训,以利于语文课程标准的不断修订和完善。

二、问题提出

中国语文教育有着悠久的历史,有着丰富的、优秀的传统语文教育经验,可是为什么,我们的中小学语文课程,曾经是学生最喜爱的课程,但在当代,无论是在课改前还是在课改后,反而成了学生最不喜欢的学科之一?从2001年开始,我国语文课程标准研制组对国内语文课程的现状进行了全方位的调研。发现现行的中小学语文课程存在许多问题:"第一,在课程目标上,存在教学目标教条化、泛化及重技能倾向,不注重知识与能力、过程与方法和情感态度与价值观之间的联系。片面强调超实用功能,偏重量化、标准的目标、'立竿见影'的目标,漠视人文精神的培养。第二,在课程内容上,繁、难、偏、旧,且过于注重书本知识。过分追求学科的知识系统。第三,在课程实施上,过于强调接受学习、死记硬背、机械训练。仍是以教师、书本为中心,忽视学习主体的需求和特点。第四,在课程评价上,标准化考试对语文教学产生相当程度的负面影响。"[①]直到今天,虽然将以前的"教学大纲"改为"课程标准",尽管语文新课程标准对相应的问题提出了恰当、正确的解决方法和理念,但是现状并不乐观,这一点可以从我们的一项调查《关于〈义务教育语文课程标准(2011年版)〉对语文教学的影响度》中看出。这次调查的对象是义务教育阶段的语文教师,主要是小学语文教师,调查的范围是湖南省、云南省、贵州省黔东南州的义务教育阶段语文教师,共发放调查问卷1000

---

① 巢宗祺,雷实,陆志平.全日制义务教育语文课程标准(实验稿)解读[M].武汉:湖北教育出版社,2009:29.

份，其中湖南省 300 份，云南省 300 份，贵州省黔东南州 400 份。回收问卷 991 份，有效问卷 991 份。通过对回收问卷的分析和整理，可以了解《义务教育语文课程标准（2011 年版）》(为方便表述，又称为《2011 年义务教育语文课程标准》)对一线语文教师语文教学的影响有积极的一面。

（一）对语文课程标准的认知度有所提高

在问到"是否认真研读过《2011 年版义务教育语文课程标准》"时，有 68.75%的老师表示认真研读过，这和 2001 年刚颁布时部分语文教师从未看过语文课程标准是一大进步。可以看出，语文课程标准对语文教师的教学的影响度越来越大。在问到"获取《2011 年版义务教育语文课程标准》文本的渠道"时，有一半的语文老师是通过参加培训的方式获得，只有 31.25%的语文老师选择自己购买，另外 18.75%的语文教师是通过网络下载的方式获得。从这个调查结果来看，语文教师对于语文新课改的敏感度仍然不高，主动融入基础教育课程改革的积极性不高。究其原因，一方面是有关部门对语文新课改的宣传力不足，另一方面或多或少是由于语文教师对改革存在"畏难"心理。还有就是新修订的语文课程标准本身存在一些让一线语文教师难以实施的因素。但是，总体来看，语文教师对语文课程标准的认知度已大幅提高，有的语文教师还专门去研究语文课程标准。

（二）聚焦语言文字运用

在问到"你认为《2011 年版义务教育语文课程标准》出台后对你的语文教学影响"时，有 62.5%的语文教师表示影响一般，12.5%的语文教师表示影响很大，18.75%的语文教师表示影响较小，只有 6.25%的语文教师表示没有任何影响。从以上结果来看，《2011 年版义务教育语文课程标准》对大部分语文教师的语文教学或多或少存在影响，只是影响较大的人数较少。这和前面所调查的语文教师对《2011 年版义务教育语文课程标准》的认知度是成正比的。总体来说，当下一线语文教师的语文教学已经脱离不了语文课程标准的影响。

这既是国家加大义务教育阶段语文教师的培训力度的结果，也是一线语文教师自觉或不自觉地去关注语文课程标准，从而影响他们的语文教学的结果。这一点可以从下列提问中得到证明，当问到"相比较《2001年版义务教育语文课程标准》，《2011年版义务教育语文课程标准》最大的变化是什么"时，有62.5%的语文教师选择"聚焦于培养学生的语言文字运用能力"，同时，在问到"《2011年版义务教育语文课程标准》在附录部分增加了'识字写字教学基本表''义务教育语文课程常用字表'，你觉得是否有必要"时，87.5%的语文教师认为有必要，因为义务教育阶段的语文教育，重点在于夯实学生的"双基"（基础知识和基本能力）和养成学生良好的学习习惯。说明经过十几年的语文新课改，我们的语文教师越来越清楚地认识到，回归"双基"，退去浮躁的重要性。语文教学改革的方向是正确的，语文教育的目的不仅仅在于让学生获得知识和能力，还应培养学生的审美观、价值观等人文性的认知。语文新课改刚开始时，提倡人文性，抨击过度的工具理性。但是后来的语文教学出现过度消费课文中的人文功能，而把基础知识和基本能力的培养忽视了，等于变成空中楼阁。这是语文课改十几年最大的经验和教训。

（三）重视优秀传统文化的学习和传承

在问到"《2011年版义务教育语文课程标准》强调语文课程对传承和弘扬中华民族优秀文化传统的作用，你在语文教学时是否关注到"时，100%的语文教师选择有关注，并且融入语文教学中。语文教学是母语教学，保留和传统本民族传统文化无可厚非，并且这不是《2011年版义务教育语文课程标准》的创新，中华人民共和国成立前的语文课程标准都有所提及，是一种文化回归。此外，在问到"对《2011年版义务教育语文课程标准》中优秀诗文背诵推荐篇目的篇数和内容"时，68.75%的语文教师表示除语文课程标准规定的外，还会根据自己的阅读经验和学生实际进行补充，毕竟语文教材只是中华传统文化中的一小部分，语文教育的目的之一就在于通过语文教学，引领学生去关注和研究中国文学以及中国文化。同时，不可忽视的一面是，当下一线语文教师依赖教材的现象比比皆是,开发教材或建设校本教材的能力偏弱,在问到"《2011年版义务教育语文课程标准》强调语文课程资源的开发,你所在的学校是否有自己的校本教材或地方教材"时,62.5%的语文教师表示没有,37.5%的语文教师表示有或正在建设中。应该说,对教材的开发以及校本教材和地方教材的开发,是语文教师真正成长为一名教学研究者的标志。

(四)关注现代科技对学生语文能力的影响

前面我们提到《2011年版义务教育语文课程标准》最大的变化是聚焦语文文字运用。此外,《2011年版义务教育语文课程标准》还有两个变化,一是重新对书法教育予以重视,在语文课程标准里加入书法教育的相关内容及教学建议,这是现代信息技术给母语教育带来的压力。我们的中小学生写字能力退化到使我们具有危机意识的地步,这是现代科技带给我们的"麻烦"。二是审视现代科技对语文教学的影响,思考如何化弊为利。如在调查中问到"《2011年版义务教育语文课程标准》强调'关注学生通过多种媒介的阅读',你所在班级学生阅读的媒介有哪些"时,87.5%的语文教师选择的是"纸质书籍",75%的语文教师同时选择"手机",50%的语文教师还选择了"电脑",43.75%的语文教师选择"电子书"。从调查结果来看,纸质书籍仍然是学生阅读媒介的主力军,但是,手机和电脑、电子书等媒介也是学生们阅读的主要媒介,我们不能忽视智能设备、互联网对传统阅读方式的冲击。我们应思考,现代信息技术能给语文教学带来什么样的有利变化,这也是语文教师需要研究的重要内容。

当然,很多语文教师对《义务教育语文课程标准(2011年版)》也有自己的思考。有些教师认为《义务教育语文课程标准(2011年版)》的可操作性仍然不强,课标中有些术语过于学术化等。还有教师认为一线语文教师本身对新修订的课标理解不到位或者执行不力。这些都是影响《义务教育语文课程标准(2011年版)》能否在语文教学中贯彻落实的因素。

(五)课标与实际教学脱节

尽管前面的调查说明一线语文教师对新修订的语文课程标准的认知度有所提升,并且他们的语文教学或多或少受到语文课程标准的影响,但是一线语文教师仍然存在对语文课程标准的理解不到位或执行不力的情况,造成语文课程标准与语文教学实际脱节。如在问到"相比较《2001年版义务教育语文课程标准》,《2011年版义务教育语文课程标准》在'识字写字'上强调'多认少写',在各个学段相应减少会认会写汉字的数量,你是否认同此做法"时,有56.25%的语文教师表示不赞成,因为不利于学生"双基"的夯实;12.5%的语文教师非常赞成,因为有利于学生尽快进入阅读;6.25%的语文教师表示无所谓,因为对他们的识字写字教学没有影响;25%的语文教师表示赞成,但是会根据不同的学生适当调整。从调查结果来看,一线语文教师对"多认少写"教学理念反应不一,不赞成的占多数。还比如,当问到"《2011年版义务教育语文课程标准》要求在第一、第二、第三学段,要在每天的语文课中安排10分钟的写字训练,你在实际教学中的做法是"时,62.5%的语文教师表示偶尔执行,18.75%的语文教师表示完全执行,18.75%的语文教师几乎没有实行过。从调查结果来看,其中的原因是多方面的,一方面语文教师大部分知道有《2011年版义务教育语文课程标准》这个教学指导性文件存在,但是对文件文本却没有系统地研究过或者对其中的要求没有和日常的语文教学相联系,部分语文教师教学缺乏严谨性,还有就是对语文教学的本质认识不到位;另一方面是语文课程标准文本本身的操作性需要进一步增强。

(六)术语学术化

《2011年版义务教育语文课程标准》中出现了一些新的术语,如"非连续性文本",对于这个术语,在调查中,没有一位语文教师表示完全理解"非连续文本"的实际含义,68.75%的语文教师表示半知半解,31.25%的语文教师直接表示不懂。无论是2001年版语文课程标准,还是2011年版语文课程标准,都没有对相关术语进行解释,导致对相关术语理解的"多元化",从而在教学中产生不一样的效果。这是导致语文教学存在随意性的根源之一。

可见语文新课改存在问题的原因是多方面的,在诸多原因中,"对清末民国时期的语文课程标准缺乏纵深的历史研究与文本研究"是一个重要原因。正如英国哲学家培根所说,史鉴使人明智。欲知大道,必先明史。溯其渊源,才能察其流向。因此,对清末民国时期语文教育的解剖,既可以为理解古代语文教育提供钥匙,同时也可以找到现代语文教育多种观点的胚芽。从我国语文教育作为一门独立学科出现时,到清末民国时期政府历次颁布的语文课程标准及变化,从它们的体例到具体的内容再到它们的用词,虽然经历了一个逐渐发展完善的过程,但对我国现在的语文教育有着诸多的启示。中华人民共和国成立以后,学习苏联,课程标准变成了教学计划,语文课程标准变成了语文教学大纲,中断了以往语文教育中的合理因素和优秀经验。21世纪初,历经半个世纪的教学大纲悄然变为课程标准,但清末民国以来的语文课程标准是否应该成为我们回顾、审视的对象从而使我们今天的语文课程标准的编制有一个坚实的基础呢?作为学科教育的纲领性文件,清末民国以来的语文课程标准从雏形到逐渐发展完善的过程中,其内容和形式的变化发展,对我们今天的语文教育教学有很大启发,值得我们去关注,更值得我们去深入研究。

同时,就目前所掌握的资料来看,我国学者对清末民国时期语文课程标准的研究有以下特点:第一,对这一时期的语文教育观念、教科书及语文教育家研究的较多,考实性、整体性研究这一时期语文课程标准的少;第二,对这一时期的学制、课程标准的演变进行纵向考察的比较多,解读这一时期语文课程标准的制定以及对其文本分析的少;第三,关于清末民国时期语文课程标准的研究,还大多停留在孤立的个体研究,即仅仅为某个学制或者某个语文课程标准进行研究,从而忽视了这一时期各个阶段的语文课程标准之间的相互影响、相互融通。

因此,本书研究清末民国时期我国语文课程标之间的相互影响、相互融通,在探讨这一时期我国语文教育发展及语文课程标准演变的基础上,对清末民国时期语文课程标准的内容与形式进行文本的分析,然后对清末民国时期的语文课程标准进行评价,力求对今后语文课程标准的不断修订和完善有所借鉴与启示。

第二节 研究目的与研究意义

一、研究目的

"清末民国时期"指从1902年清末"新政"到1949年中华人民共和国成立这一段时间。所涉及的研究对象是指这一时期内由政府或全国教育会联合会制定和颁布的相关学制和语文课程标准,并不包括中央苏区、陕甘宁边区、敌占区、伪满洲国的语文课程标准。所谓"语文课程标准",是指"根据国家课程计划和教育方针制定的语文学科教学内容的指导性文件,是根据语文学科的特点及语文教学规律,阐明了语文课程的性质、目标、内容框架,提出了语文教学和评价建议,规定国家在语文学科领域中的基本语文素质和要求,它体现了国家对不同阶段学生在语文知识和技能、语文学习过程和方法、情感态度和价值观等方面的基本要求。"[①]从定义中我们可以知道,我们之所以关注语文课程标准,"是因为它是语文教育的心脏,它对语文教育的成效起着最直接的影响,它是教材编写和教学评价的依据,发挥着中心机制的作用。语文课程标准的重新编写是语文教育改革的迫切需要。"[②]语文课程标准的制定直接影响语文课程的实施效果与学生的发展,乃至对语文课程改革步伐产生很大的影响。可见语文课程标准对语文教学的影响之大、之深,但是语文新课程标准的颁布有十几年了(其中包含《2011年版义务教育语文课程标准》),在实施的过程中却问题不断,矛盾重重。究其原因,除去语文新课程标准本身出了问题及课程实施者的素质达不到语文课程标准的要求外,最重要的原因是课程实施者缺乏对语文教育

---

① 张农. 大陆、台湾九年一贯制《语文课程标准(纲要)》的比较研究[D]. 上海:华东师范大学,2004:23.

② 谢平. 以人为镜,可以知得失——读付宜红《日本语文教育研究》有感[J]. 语文学刊,2010(5):123.

史的了解，尤其是对语文课程标准的历史缺乏系统的、深入的研究。要知道，任何改革都是在原有的基础上建立起来的，因此，中小学语文教育的改革，不仅要关注现实，还应"继承我国语文教育的优良传统"[①]。也就是说，探索语文教育发展的渊源很有必要。新课改的这十年，我们的语文教育太多地关注于"创新""创造""西方的教学方法"，很多有价值的传统逐渐被人遗忘，事实上，"真正优秀的语文教育传统，它可以被人们遗忘一时，但绝不可能永远淡出语文教育"[②]。即便今天的新课改，也不可能另起炉灶，语文教育及其研究是不可能割断历史和传统的。换句话说，你只要搞语文课程标准研究，你就无法回避、无法绕开20世纪前期的语文课程标准，只有把这一时期的语文课程标准研究透了，才能加深对语文新课程标准的理解，减少课程标准在实施过程中出现的误解，以利于课程标准的不断改进和完善。

虽然清末民国时期与当代中国有着不同的历史环境，但是这并不意味着清末民国时期的语文课程标准对当今语文课改毫无意义。相反，清末民国时期在中国语文教育史上的特殊地位、清末民国时期语文课程标准自身的特点和曾产生过的积极影响，对当今语文课改有着特殊的意义。从清末民国时期我国语文课程标准入手，在探讨这一时期我国语文教育发展及语文课程标准演变的基础上，对清末民国时期语文课程标准的内容与形式进行文本的分析，然后对清末民国时期的语文课程标准进行评价，力求对今后语文课程标准的不断修订和完善有所借鉴与启示。

二、研究意义

展望语文课程标准的发展和研究，一般离不开两个前提：一个是对本国语文课程标准的考察，既包括对以往语文课程标准的审视，也包括对最近颁布的语文课程标准的考察。但是，目前对语文课程标准

[①] 教育部. 义务教育语文课程标准（2011年版）[S]. 北京：北京师范大学出版社，2012：4.

[②] 倪文锦. 敬畏大师——《现代作家语文教育思想论》序[C]. 湖南教育：语文教师，2008（7）：56.

的研究，大都集中在对 21 世纪初颁布的《全日制义务教育语文课程标准（实验稿）》以及后来的《义务教育语文课程标准（2011 年版）》的研究上，而对以往的语文课程标准的关注要少，或者说，即便有对清末民国时期语文课程标准的研究，仅限于"史料的复述"或"述评"上。另外一个是对外国语文课程标准的解读，对外国语文课程标准及中外语文课程标准比较的研究，现在是一大热点。积极吸收国外语文发展的经验，当然是可取的，但是每一个国家的语文课程标准都有其深刻的民族性，都是结合各国的语文发展实际及其文化背景来制定的。因此，要想语文课程标准在实际的语文教学中发挥较大的作用，必须了解以往语文课程标准的发展过程以及中国文化传统，吸收经验，吸取教训。这是每一位语文教师和语文课程标准制定者所需要关注的。当然，清末民国时期的语文教育，"在中国与世界、传统与西学、理想与现实、变革与稳定的比较选择和反复调适中，既有成功的经验，也有失败的教训。先驱者的努力，值得后人尊敬；其利弊得失，都是可贵的历史借鉴。况且，当代语文课程改革中有许多理论、制度、课程、管理问题，直接或间接地与清末民国时期语文教育有着传承、衔接和扬弃的关系。"[①]因此，在世界各国都不断加强语文或母语课程改革的今天，整理和分析清末民国时期语文课程标准这份遗产，探讨其底蕴，找出其本原，就比以往任何时候都必要了。而且清末民国时期是我国语文学科课程开始独立呈现，逐渐发展完善的时期，这一时期颁布的语文课程标准有许多宝贵的经验与教训值得我们吸取。所以，本研究试图从清末民国时期我国语文课程标准入手，探讨这一时期我国语文教育的发展及语文课程标准的演变，对这一时期语文课程标准的内容与形式进行文本的分析，然后对这一时期的语文课程标准进行评价。在此基础上希望达到下列目的：首先，力求对今后语文课程标准的不断修订和完善有所借鉴与启示；其次，有利于语文课程实施者及学生乃至家长正确地理解和实施语文新课程标准；最后，吸收清末民国时

---

① 李华兴. 论民国教育史的分期[J]. 上海师范大学学报（哲学社会科学版），1997（1）.

期语文课程标准编制的理念，增强语文新课程标准的操作性。总之，对清末民国时期语文课程标准的研究，意义在于引得借鉴，探讨规律，从而推动当今语文课程标准的修订、完善及实施。

第三节　研究方法与本书的结构

一、研究方法

（一）文献研究法

本课题的研究建立在对清末民国时期语文课程标准的内容与形式的分析上，需要搜集大量相关的教育文献和相关论著，尤其是清末民国时期语文课程标准的相关文献和资料，重点搜集了1902—1949年的语文课程标准文本文件及发展演变方面的资料，在归类、分析的基础上得出一些规律和特点。

（二）比较研究法

文本研究法的运用是在比较和分析中进行的，在文献检索的基础上运用分析、比较的方法来对所收集的资料进行整理和分析。基于这个目的，运用比较的方法，有利于认识清末民国时期的不同语文课程标准之间的差异，通过不同的语文课程标准纵向比较分析，以便清楚地了解清末民国时期语文教育的发展。

（三）历史研究法

研究近现代语文课程标准的目的在于为今天所用，为当下的语文课程标准的实施与修订提出一些建议。近现代语文课程标准的具体情况是客观的、历史的存在，要深刻地认识清末民国时期语文课程标准所隐藏的本质规律，必须结合历史和现实的情况进行深入分析。

二、本书的结构

本书是对清末民国时期语文课程标准的具体研究，主要研究了它的结构和内容。

　　第一章绪论部分阐述了本书的研究目的和研究意义，选题的背景和问题的提出，并进行详细的文献研究综述，随后介绍本文的研究方法和本书的结构安排。

　　第二章主要探讨晚清时期语文教育发展变革的一些规律。

　　第三章主要论述清末民国时期语文课程标准的演变，包括清末民国时期语文课程标准的雏形、逐步成形和发展与完善。

　　第四章主要对清末民国时期语文课程标准的框架结构分析。

　　第五章主要对清末民国时期语文课程标准的课程目标与教学内容板块进行分析。

　　第六章主要对清末民国时期语文课程标准的教学内容与要求（阅读、写作、口语交际、识字写字）进行分析。

　　第七章主要是在前四章分析与研究的基础上对清末民国时期语文课程标准进行评价，并得出借鉴之处。

　　第八章是结语部分。

第二章　晚清时期语文课程变革

列宁说:"要真正地认识对象,就必须把握和研究它的一切方面、一切联系和'媒介'。"①对语文教育研究来说,同样如此,有必要在研究清末民国时期语文课程标准之前,对当时的大环境——晚清时期语文课程的变革进行大致的梳理。本章从晚清传统语文教育的危机、晚清传统语文课程的变革两个方面来梳理环境与历史的问题。

第一节　晚清传统语文教育的危机

中国语文教育的历史源远流长,但在漫长的岁月中,并没有形成过系统的课程,或者说,是依附在对经史子集学习的具体语境下具有"语文意识"的传统语文教育。严格地说,在这一段漫长的历史时期内,语文不是一门独立的学科。但这不是说,在我国近代学制建立前,就没有语文课程可言,因为语文课程不是凭空产生的,它有一个从无到有的酝酿过程。从晚清的传统语文教育出现危机和教会学校、洋务学堂以及后来维新运动的语文教育改革,我们可以看出语文课程迈向近代化的酝酿过程。

鸦片战争前几千年的封建社会中,传统语文教育几乎是人们唯一接受的教育,并逐步形成了一套封建教学体系、独特的语文教学思想和与之相适应的语文教学目的、内容、方法及教材。几千年来,我国的语文教育积累了丰富的经验,形成了自己的特点。于语文教学来说,传统语文教育无论是识字教学上的集中识字和韵文识字,还是阅读教学上的重视诵读和背诵以及对整体感知的强调,以及作文教学上的先放后收的写作指导原则,这些经验仍然对今天的语文教学有着实际的

---

① 转引自毛泽东.毛泽东选集(第一卷)[M].北京:人民出版社,1991:301.

借鉴意义。但是，由于我国古代长期的闭关锁国以及传统语文教育在漫长的历史过程中只是科举考试的附庸，具有超稳定性的传统教育体制、教学内容及科举制度日益成为语文教育现代化的障碍，尤其以清代为甚。"清代在继承前朝教育体制的基础上，大力发展各级各类教育。"①据史籍记载，至1825年，全国有包括府、州、厅、县、旗各类官学1788所。②"统论清代二百余年，书院遍于天下……合之十余行省必近二三千之数。"③此外，还有数量可观的社学、义学和私塾。但到乾隆后期，随着各种社会矛盾的加剧，传统封建教育再难重现昔日的辉煌。从当时人们的议论及史籍的记载可以看出，嘉庆以来，呈现在人们面前的封建教育体制已是千疮百孔。首先是官学教育有名无实。如当时关于各级官学的议论，"近年生徒入学，不过轮期画到，查学之日，教习择其在家课读者，背诵数章塞责；该教习亦止于画到，查学时始行到学，间有在学住宿者，并不教读。其宗室、觉罗及咸安宫、景山各官学，亦复如此。"④其次是教学内容不切实用。当时的人们热衷的学问有义理、辞章和考据等。正如当时有人评论说，"数十年来，承学之士，华者骋辞章，质者研考据……攫利禄为才贤，究义理为迷惑。"⑤第三，科举考试弊病丛生。如关于科举取士的议论，"今世科场之文。万喙相因，词可猎而取，貌可拟而肖，坊间刻本，如山如海。四书文禄士，五百年矣；士禄于四书文，数万辈矣。"⑥可以说，鸦片战争前的封建教育包括语文教育，因为缺乏对外的文化教育交流，自身也不积极改革，表现出衰败的景象。1840年，鸦片战争爆发，英国用坚船利炮轰开了中国封闭的大门。用李鸿章的话说，中国面临"数千年来未有之变局"和"数千年来未有之强敌"。不管国人愿不愿意，自觉不自觉，

---

① 田正平. 论中国教育近代化的延误[J]. 华东师范大学学报: 教育科学版，1996（11）.
② 钦定大清会典事例（卷1096）.
③ 商衍鎏. 清代科举考试述录[M]. 北京: 生活·读书·新知三联书店，1958: 225.
④ 钦定大清会典事例（卷393）.
⑤ 潘德舆. 晚醒斋随笔序[C]//养一斋集（卷18）. 道光二十九年刊本.
⑥ 龚自珍. 龚自珍全集[M]. 北京: 中华书局，1968: 344.

西方资本主义的到来，冲击了中国固有的政治、经济、文化及教育形态，在东西方文明的尖锐冲突下，中国传统教育的危机真正发生了。中国传统教育被迫走上了近代化的曲折道路。

于传统语文教育来说，1840年之后出现的危机主要表现在以下几个方面。

一、教育目的和教学内容

晚清时期的传统语文教育，教学内容仅以四书五经、八股辞章为法定范围，几千年来课程内容超稳定，"主要是识字、作古文，把古人作为学习的楷模，把古文作为学习的最高境界，窒息了青少年的思维发展、想象力和创造精神"①，以及忽视文学教育与没有建立适宜语文教学的知识体系。教育目的仍以人伦道德和培养官吏为唯一旨归，大都以儒家思想为指导思想，儒家始终把德育放在第一位。传统语文教育成了统治阶级进行思想政治教育的工具。科举制度推行以后，传统语文教育演变成科举考试的附属品。并且清朝统治者为了进一步禁锢社会思想，强化专制统治，严格规定《四书》以《朱子集注》，《易经》以《程朱二传》，《诗经》以《朱子集注》为标准，只许士子在应试作文中"代圣人立言"。且当时人们注重学问的义理、辞章和考据等，实际上都没有超出传统儒学的范畴，可见士人的知识结构局限于儒学一隅，因此在1840年面对西方工业文明挑战时，中国知识界只能茫然以对，不知所措，日益显露出陈腐和无用了。

二、教育体制和教育精神

在科举制无孔不入的巨大网络下，中国的传统语文教育只是科举的附庸，学校不过是官员培训所，官学教育有名无实。原本形式完备的传统教育制度，发展到后来，"除初等教育和部分私学进行正常教学外，其他学校特别是官学已是徒有虚名，甚至很少从事教学活动"②。

---

① 战婷. 作文教学生活化[D]. 大连：辽宁师范大学，2008.
② 金久仁. 我国教育分层意识的历史考察[J]. 教书育人，2008（3）.

"儒学寖衰，教师不举其职。"①从现代教育的角度来分析，这种以猎取功名为唯一宗旨的教育体制，已背离了教育的本质。在科举取士下，所有学子使用固定格式的八股文，去解读儒家典籍的正确性，无须对现实作客观的观察，也不必在事实基础上进行分析、综合与理性思考。这样的教育，不仅扼杀了学生的创造个性，也成为窒息中国社会生机的一大因素。学问与实际脱节，知识与生产脱节，学者与创造脱节。于传统语文教学来说，脱离语言实际和应用实际，不重视口语交际的训练，读和写基本和平常生活及实际无关。

三、教学方法和教学效率

传统语文教学，"其教学方法死板、单一，就是记诵和模仿。只重整体感知，缺乏分析认识；只强调求同思维、单向思维，忽视求异思维、发散思维；只尊重维护作者权威，无视读者理解的主动性、创造性"②。学习过程只是听教师讲或按教师的要求学习。晚清时期的学校教育是由众多规模不一的塾馆、官学、书院承担，这些机构散落在彼此孤立、封闭的农业社会中，规模不一，最多几十人，少的十几人，有的二三人。在这样分散的教学机构下，拿着几本世代不变的经典以极简单重复的方式教授，相互之间缺少讨论，教法单一老套，教学资料和设备极度缺乏，这种情况下的语文教学，效率低下是不言而喻的。

应该说，中国传统语文教育的危机是一个客观存在，1840年鸦片战争后，西方教育对中国传统语文教育的影响和冲击只是传统语文教育爆发危机的导火线。但要意识到危机的存在及其严重性，感觉到改革的必要性及其紧迫性，却有待于国人自身的醒悟和社会发展的成熟。对清政府而言，它的教育危机感和改革紧迫感，是被西方列强坚船利炮打出来的，是被丧权辱国割地赔款逼出来的，是被两种教育制度的优劣比较惊出来的，是被朝野有识之士大声疾呼震出来的。中国传统教育的故步自封，不能应对国门被打开后西方教育文化的挑战，也不能维系封建社会的生存和发展，变革已迫在眉睫。

---

① 清史稿·选举志一[M]. 北京：中华书局，1976.
② 董小龙. 中学文言文教学模式研究[D]. 成都：四川师范大学，2007.

第二节 晚清时期传统语文课程的变革

面对西方列强的坚船利炮,以及国内农民起义的此起彼伏,清末开明地主和知识分子从梦中"惊醒"过来,开始思考"自强""御夷之方"。最早"睁眼看世界"的是林则徐和魏源,并提出"师夷长技以制夷"的口号,力图拯救风雨飘摇的封建统治。后来的洋务派和维新派都在求"自强""富强"的目标上做了一番努力,只是最后都破产和失败了,但是他们对中国传统教育的变革尤其是对语文课程的近代化起着较大的推动作用。

一、宗教加国学——教会学校课程的特点

外国传教士来华办教会学校,早在鸦片战争之前就开始了,但那时仅限于澳门一带。1840年,西方列强的坚船利炮在鸦片战争中轰开了中国的大门,并签订了一系列不平等条约,传教士在不平等条约的庇护下,大量涌入中国,执行传教和对中国进行文化侵略与文化渗透的使命。而完成这一使命最好的方法是开设教会学堂。办学堂,传播西学,是传教士扩大影响,从而达到传教目的的重要途径。据统计,1877年,教会学校已达350所之多,学生5975人。[①]现在,我们选取美国北长老会传教士狄考文1864年创办的山东登州文会馆这所典型的教会学校,看看它们的课程设置情况。它原来是一所教会小学,学制三年;后来增设高等科,是中学程度,学制六年。前者称为备斋,后者称为正斋。正斋的课程设置如下[②]:

第一年——天道溯源,书经,诗经,论语,代数备旨。

第二年——天路历程,书经,礼记,孟子,形学备旨,圆锥曲线,万国通鉴。

第三年——救世之妙,礼记,诗经,学庸,八线北旨,测绘学,

---

① 陈学恂. 中国近代教育大事记[M]. 上海:上海教育出版社,1987:227.

② 陈学恂. 中国近代教育史教学参考资料(下册)[M]. 北京:人民教育出版社,1986:225.

格物,省身指掌。

第四年——天道溯源,礼记,经书,左传,赋文,量地法,航海法。格物:声、化、电、地石学。

第五年——罗马书,礼记,左传,赋文,代形合参,物理测算,化学,动植物学,二十一史约编。

第六年——心灵学,是非学,富国策,易经,系辞,读文,微积学,化学辨质,天文揭要。

从上面的课程设置来看,教会学校的宗教课程占首要地位,其次是中国儒家课程,最后是自然科学课程,后来还加了外语课程。同时我们可以看出,早期的教会学校并不看重中国语文教育,其课程设置也往往没有把中国语文教育放在应有的地位,后来教会学校为了迎合当时中国统治阶级及民众的需求,把中国传统语文教育,如礼记、诗经、易经等有所妥协地加入教会学校的课程里,充分利用中国的语言、文字和文化思想来深入开展各种宣传和教育。"最初的传教士认为儒家文化和宗教文化势同水火,使他们的传教活动受到儒家思想的极力抵制,传教士不得不妥协。"①正如有些传教士所言,"我们不能和中国经书相处,但我们不能不和它相处。"②这样使得教会学校的课程设置呈现"宗教加国学"的特征。从主观上说,这些传教士是帝国主义对中国进行文化侵略和文化渗透的马前卒,教会学校的开办使得我国丧失了部分教育主权。客观上讲,传教士创办的教会学堂开设的自然科学课程以及外文的开设对我国教育近代化(包括语文课程的近代化)起着催化作用。这是因为,"教会学校的教学体制、课程规划、教学方法、考试管理等各方面,都具有近代教育的特征。也就是说,中国近代最早的资本主义新学的传播,近代化课程和教科书的编订,以及近代教育制度的建立,从某种意义上说,是由教会学校开其先河。"③教会学校是

---

① 百度文库. 全日制攻读教育硕士专业学位入学考试大纲及指南[EB/OL]. [2012-9-10]. http://wenku.baidu.com.
② 朱有瓛,高时良. 中国近代学制史料(第四辑)[M]. 上海:华东师范大学出版社,1990:126.
③ 吕达. 近代教会学校课程的特点及其评价[J]. 教育评论,1990(6).

中国传统教育现代化的促进因素。对语文课程来说，它冲击了中国传统的封建课程结构，打破了学校课程中儒家学说独尊、四书五经一统天下的局面，为后期的语文单独设科起到一种不自觉的催化作用。

二、中体西用——洋务学堂课程的特色

鸦片战争之后，中国被迫卷入世界资本主义市场，固有的封建经济的基础面临着瓦解的命运，同时客观上为中国资本主义的发展提供了机会和条件。清朝统治者为"扶大厦于将倾，挽狂澜于既倒"，自强富国，防范内忧，维护自身的统治，产生了洋务派，他们发起了一场旨在"自强""求富"的洋务运动。而实现这一目的需要大量的军事、外事人才，这一切最重要的还在于兴办学堂，培养人才。因此，与洋务运动相呼应的是，在教育方面出现了大量的洋务学堂。1862年由清政府创办的京师同文馆就是一个典型，它是我国近代最早的一所洋务学堂，是一所外国语学校。应该说，"京师同文馆的课程经历了不断丰富和逐渐规范化的发展过程，成立之初，课程仅为外文和汉文"[1]。1866年，增设万国公法；1867年，添设天文、算学馆及一些"西艺"课程；1876年，按八年制和五年制的构想分别制定了分年课程计划，除了语文课程外，还有地理、世界史、数学、物理、天文、机械学等。如八年制课程设置，第一年课程"认字写字，浅解词句，讲解浅书[2]"；到第五年，有"求格物，几何原本、平三角、弧三角、练习译书[3]"；第六年课程，有"讲求机器，微分积分，航海测算，练习译书[4]"，等等。五年制课程和八年制课程前五年基本一致。

洋务教育不同于中国传统教育。首先，它在教学内容上增加了西文和西艺课程。从京师同文馆的八年制课程设置可以看出，每年都有

---

[1] 田大山，李艳平. 洋务运动时期的科技教育[J]. 理论学刊，2006（1）.
[2] 陈学恂. 中国近代教育史教学参考资料（下册）[M]. 北京：人民教育出版社，1986：18.
[3] 陈学恂. 中国近代教育史教学参考资料（下册）[M]. 北京：人民教育出版社，1986：18.
[4] 陈学恂. 中国近代教育史教学参考资料（下册）[M]. 北京：人民教育出版社，1986：18.

外国语课程，而且还有广泛的科学课程。其次，在教学方法上，洋务学校能按照知识的接受规律由易到难，逐步递进式地安排学习内容，重视理解，某种程度上对偏重死记硬背的传统学习方式有所改变。最后，"在教学组织形式上，洋务学堂普遍制定了分年课程计划，确定了学制年限，采用班级授课制，突破了传统的进度不一的个别教学形式"①。可以说，京师同文馆不是一所简单的翻译学校，而是一所具有近现代意义的新式学校，其课程计划也是我国分年课程设置的开始。有学者研究认为，京师同文馆在中国教育近代化进程中具有重要的导向作用："第一，它表明，在鸦片战争之后经历了 25 年的踽踽徘徊，传统教育的变革，终于突破了对旧制度、旧体系修修补补的框架，迈出了有决定性意义的一步。第二，所谓新式学堂，从一定意义上讲，首先是学习内容的更新，反映西方近代文化特点的各种课程进入学校领域。第三，传统教育的培养目标开始淡化。培养官宦之才不再是唯一的目标，重视技术人才和外语人才的培养。第四，'严夷夏之大防'的旧观念在教育上已开始动摇。"②

虽说洋务学堂具有新式教育的因素，但是毕竟创办者是封建统治者，为维护其统治的根本——儒学及科举，这使得无论是前期还是后期创办的洋务学堂，其课程设置都有一个明显的特点，就是"中学为体，西学为用"。比如福州船政学堂，"前学堂"聘请法国人，培养造船人才；"后学堂"聘请英国人，培养驾驶人才。全校均以自然科学课程为主要内容，但是仍保留了传统教育在洋务学堂的地位。它要求学生"除习洋学外，每日仍兼习汉文"③。沈葆桢甚至指出，"今日之事，以中国之心思同外国之技巧可也，以外国之习气变中国之性情不可也。"④所以"每日常课外，令读《圣谕广训》《孝经》，兼习策论，以

---

① 孙培青. 中国教育史[M]. 上海：华东师范大学出版社，2000：307.
② 田正平. 中国教育史研究（近代分卷）[M]. 上海：华东师范大学出版社，2009：30-31.
③ 朱有瓛. 中国近代学制史料（第一辑上册）[M]. 上海：华东师范大学出版社，1990：350.
④ 谢广山. 西学东渐对中国近代学校教育内容的影响[D]. 西安：陕西师范大学，2002.

明义理"①。张之洞有一段话概括地说明了洋务学堂之所以有"中体西用"特点的原因,他说,中体西用的课程,可以使学生"既免迂陋无用之讥,亦杜离经叛道之弊。……令守道之儒,兼为识时之俊"。这也是那一时代人们处理中西关系的思维模式。虽然洋务学堂具有"西主中辅"的特点,但实质仍是"中学为体,西学为用"②。出现这种特点的原因,一方面是洋务派对近代学校制度的不太熟悉,另一方面是传统势力的根深蒂固。

对于语文课程来说,"中学为体,西学为用"是这一时期语文教育的特色。相比传教士的教会学校,这次洋务运动是中国人自发的一次变革,冲击中国传统教育一成不变的课程内容"中学",加入了更多的西学内容,为最终促成科举制的废除和新学制的产生以及语文从经学、哲学、史学、伦理学脱离出来单独设科客观上提供了条件。

三、戊戌维新与我国近代语文课程的雏形

1894年,甲午中日战争爆发,一向以天朝自居的清政府被日本打败。同时,其他列强也加紧掠夺中国,民族危机和国内矛盾日益加深。甲午战败成为中华民族新觉醒的导火索,新兴资产阶级在全国发起的维新运动迅速蓬勃发展。对教育领域来说,维新派的领袖高度重视教育的作用,认为救亡图存必须从改良教育着手。如康有为在《大同书》里抨击"谢绝学问,惟事八股"的科举考试制度,提出根据学生不同年龄阶段的身心特点建立初、中、高三级新式学校。"康有为所设想的教育制度,是我国近代最早提出的有系统的富于资本主义色彩的教育制度。"③并在后来的维新变法过程中得到部分实现。梁启超则强调学校课程以政学为主,主张政本艺末。严复认为要以科学教育为核心,反对中体西用。对于语文课程,严复认为,读经要在讲解,至于国文,则必读古文、古诗,选其佳者,必令背诵。因此,维新派的教育观点

---

① 转引自吕达. 课程史论[M]. 北京:人民教育出版社,1999:68.
② 吕达. 课程史论[M]. 北京:人民教育出版社,1999:69.
③ 王华倬. 论我国近现代中小学体育课程的发展演变及其历史经验[D]. 北京:北京体育大学,2003.

和教育实践,主要集中在废除八股、变革科举、兴办学堂等方面。应该说,这一时期创办的新式学堂,已经形成我国近代普通中小学及其课程的雏形。下面从维新派在变法期间及变法失败后创办的各式学堂课程的设置(见表2.1)来看我国近代语文课程的雏形。

表2.1 甲午战争后至壬寅—癸卯学制颁行前各地新式学堂课程设置要览

学校名称	创办年份	创办者	课程与教学内容
天津中西学堂	1895年	盛宣怀	英文、各国史鉴、朗读书课、地舆学、数学、代数学等
上海南洋公学	1896年	盛宣怀	修身、体操、读经、手工、国文、笔算、历史、地理、图画、习字、乐歌、英文等
上海三等公学	1896年	钟天纬	华文、讲书、算法、体操等
上海育才书塾	1896年	王维泰	正馆:经史、辞章、掌故、算学、化学、英文等,另有体操;备馆:专重中文,兼课英文、算学,另有体操
湖南时务学堂	1897年	梁启超等	中学:四子书、左传、战国策;西学:外国语、算学、格致、天文、舆地及操演、兵武等
北京通艺学堂	1897年	张元济、严复	外国语、自然科学学科等
安徽二等学堂	1897年	邓华熙	华文:书法、朱子小学、史鉴、舆地、策论等;西学:外国语言文字、翻译、各国史鉴、格致等
绍郡中西学堂	1897年	蔡元培	哲学、文学、史学、外语、数学、理科及训育
上海经正女学	1897年	经元善	中文、西文各半:中文包括识字、文法、读书;西文则算学、医学、法学选一门
广州时敏学堂	1898年	陈芝昌	修身、国文、地理、宗教、政治、格致、算学、英文、体操、图画等
无锡三等公学	1898年	俞复等	以自编《蒙学读本》七册为教材,寓地理、历史、物理等知识于国文之中

续表

学校名称	创办年份	创办者	课程与教学内容
苏城中西三等公学	1898年	沈寿康等	半日习儒书，半日习英文
无锡竣实学堂	1898年	杨模	中文：历史、地理、修身、算术；外文：英文、日文
上海澄衷学堂	1901年	叶成忠	讲字、写字、作句、读本、读史、舆地、习算、时务等
安徽桐城中学堂	1902年	吴汝纶等	中文、算学、日文

（根据朱有瓛主编，《中国近代学制史料》（第一辑下册），华东师范大学出版社1990年版所提供资料制定）

这些新式普通学堂是在维新运动的推动下开办的，即便后来变法失败，但从表2.1中各个学堂所开设的课程可以看出维新派的影响。从表2.1中各学堂的课程设置来看，这些学堂重视西学，但同时也保留了传统教育的核心部分，仍然能见到"中体西用"的痕迹。应该说，甲午战争后，大量新式学堂的出现以及新式教育内涵的扩大是由多方面的因素促成的。"首先是对洋务运动时期新教育发展的反思和批评。梁启超曾撰文批评洋务学堂，'其受病之根有三：一曰科举之制不改，就学乏才也。二曰师范学堂不立，教习非人也。三曰专门之业不分，致精无自也'。其次是现实变革的驱动。甲午战争的失败，宣告以自强求富为目标，追求工业和军事近代化的洋务运动的失败，其引发的维新变法运动，针对洋务运动的反思，一方面是主张兴学堂、废八股、改科举与实际的办学活动互相结合；另一方面是倡导开民智与广泛的社会教育互为表里。最后是西学价值的提高，对西方近代教育本质认识的深化。西学不再被仅仅理解为技艺之学，只是具有工具价值，而开始被认为是求强求富的本源，具有了本体价值。"[①]对语文课程来说，

[①] 田正平. 中国教育史研究（近代分卷）[M]. 上海：华东师范大学出版社，2009：78-84.

如上海南洋公学的"读经、修身、国文、习字",上海育才书塾的"辞章、中文",安徽二等学堂的"书法、朱子小学",上海经正女学的"识字、读书、文法"等,语文已有从经史子集中脱离出来单独设科的趋势,显现出语文课程的雏形。语文课程虽已萌芽,但是并没有明确的教学宗旨和具体要求,它不能在全国范围内产生足以影响全局的局面。然而,它客观上为壬寅—癸卯学制的制定和颁行产生了一定的影响,并为其实施提供了一定的基础。

第三章　清末民国时期语文课程标准的嬗变

前一章我们梳理了晚清时期传统语文教育存在的危机及语文课程的变革，从中我们了解到，我国近代学制的课程章程的制定和颁布实际上经历了半个多世纪的酝酿。对于语文课程来说，晚清时期历经的多次变革，促成课程意识的觉醒和语文学科的萌芽与单独设立。可以说，清末民国时期的语文课程标准脱胎于那个积贫积弱、民族危亡的年代。因此，本章主要从壬寅—癸卯学制与我国语文课程标准的雏形、民国初期与北洋政府时期我国语文课程标准的逐步成形、南京国民政府时期与我国语文课程标准的发展与完善等三个方面来梳理清末民国时期语文课程标准的嬗变。

第一节　壬寅—癸卯学制与我国语文课程标准的雏形

从世界范围来说，现代学校教育制度始于18、19世纪欧美国家的义务教育。正如前一章所说，我国近代学制的确立历经教会学校对学制与课程观念的引入与介绍，洋务派的新式学校以及维新运动中一大批新式学堂的建立，推动了中国近代学制——壬寅—癸卯学制的诞生。

一、壬寅学制与我国语文课程标准的萌芽

在中国，近代学制的初步建立是在20世纪初清末新政时期完成的。"1901年8月，清政府颁布'兴学诏书'，称'兴学育才，实为当务之急'，鼓励在全国各地兴办学堂。……但对各学堂的学校性质、入学条件、学习年限、课程设置、衔接关系等均没有明确规定，不利于实行规范化管理。在这种情况下，建立全国统一的学制系统成为迫在眉睫

的事情。"[1]1902年，张百熙受命向清廷上《学堂章程折》，折云："值智力并争之世，为富强致治之规，朝廷以更新之故而求之人才，以求才之故而本之学校，则不能不截取欧美日本诸邦之成法，以佐我中国二千余年旧制。"[2]折子当中拟定了一系列规定学制系统的文件，称为《钦定学堂章程》，因该年为农历壬寅年，又称"壬寅学制"。

壬寅学制是我国近代史上首个由中央政府制定的全国性学制系统。但是，壬寅学制的制定和颁布，可以说仅仅是中国近代教育史上的一个插曲，因为它并没有得到施行。"它在各级学堂章程中有'功课教法'，列有课程门目表和课程分年表，可以说是我国课程标准的雏形。"[3]其中，《钦定中学堂章程》规定普通中学堂修业四年，培养目标是，"使诸生于高等小学卒业后而加深其程度，增添其科目，俾肆力于普通之高深者，为高等专门之基"[4]。课程有：修身、读经、辞章、中外舆地、外国文、物理、体操等十二门。涉及语文学科的是"读经"和"辞章"。《钦定小学堂章程》规定小学堂分高等、寻常二级，其修业各限三年。宗旨在于"授以道德、知识及一切有益身体之事"[5]。其中寻常小学堂课程有：修身、读经、作文、习字、算学、体操等八科。涉及语文学科的有"读经""作文""习字"。高等小学堂课程有：修身、读经、读古文词、作文、习字、本国舆地、理科等十一科。涉及语文学科的有"读经""读古文词""作文""习字"。《钦定蒙学堂章程》规定修业年限四年，培养宗旨是，"培养儿童使有浅近之知识，并调护其身体"[6]。课程有：修身、字课、习字、读经、史学、舆地、算学、体操共八门。涉及语文学科的有"字课""习字""读经"。其中语文课程

---

[1] 刘光成. 百年中学作文命题研究[D]. 长沙：湖南师范大学，2010.
[2] 朱有瓛. 中国近代学制史料（第二辑上册）[M]. 上海：华东师范大学出版社，1990：63.
[3] 张敏娜. 新课程标准下因材施教原则探析[J]. 文教资料，2014（9）.
[4] 璩鑫圭，唐良炎. 中国近代教育史资料汇编·学制演变[M]. 上海：上海教育出版社，2007：272.
[5] 璩鑫圭，唐良炎. 中国近代教育史资料汇编·学制演变[M]. 上海：上海教育出版社，2007：279.
[6] 璩鑫圭，唐良炎. 中国近代教育史资料汇编·学制演变[M]. 上海：上海教育出版社，2007：290.

的周课时见表 3.1（壬寅学制规定蒙学和小学阶段每十二日为一周，每周第一日从每十二日一周休业之后一日数起；规定中学阶段每星期为一周）。

表 3.1　壬寅学制规定的语文课程及周课时（1902 年）

周课时内容 \ 年级	蒙学				小学						中学			
					寻常小学			高等小学						
	一	二	三	四	一	二	三	一	二	三	一	二	三	四
读经	12	12	12	12	12	12	12	12	12	12	3	3	3	3
字课	12	12	12	12										
习字	12	12	12	12	11	6	6			4				
作文					6	6		2	2	2				
读古文词								4	4	4				
辞章											3	3	3	3
占总课时数比	50%				33%			27%			16%			

（根据《钦定学堂章程》制定，资料来源：璩鑫圭，唐良炎主编《中国近代教育史·学制演变》，第 272-292 页，上海教育出版社 2007 年版）

从表 3.1 以及以上所述中可以看出，壬寅学制对语文课程和教学内容做了规定，应该说，语文课程在壬寅学制中，第一次以独立的课程形态呈现在国民教育体系中，其规定的蒙学堂四年、小学堂六年、中学四年都有安排语文课程。且对语文课程的目标、每一阶段语文课程的课程内容、语文课程的实施及实施的方法都有了初步的规定，这些初步的规定显现了语文课程标准的雏形。语文课程历来都是一门非常重要的课程：首先，它是延续中华文化及民族性的重要媒介；其次，语文课程尤其是读经是维护清政府封建统治的需要。我们从表 3.1 中可以看出，在蒙学堂，"读经""字课""习字"每十二日都是 12 节课，占总课时数 50%；在寻常小学堂和高等小学堂，"读经"每十二日都是 12 节课，加上其他的分别占总课时数的 33%和 27%，中学堂则是语文课程的课时数大幅减少，如"读经"，每星期才 3 节课，占总课时 16%。其他自然学科及外国语的比重都比语文课程大，如外国语，就每星期 9

节课，占总课时数的24%。应该说，壬寅学制是对洋务学堂、维新学堂西文思潮的延续和深化，正是这个延续和深化，使得西学的比重比中学大太多。中西学地位把握不到位，或许这是壬寅学制没有实行的主要原因之一。

二、癸卯学制与我国语文学科的独立设科

由于壬寅学制受西学思潮的影响，走得有点远，故未实行。张百熙在上书朝廷的折子《奏请添派重臣会商学务折》里说道："今日因乏才而谋兴学，因兴学而防流弊，操纵之间，倍难措手，必须有精审画一之课本，完全无缺之章程，方能合中人以上之才而陶铸之。"①从这段话可以看出，壬寅学制存在中西学地位把握不到位，以及学制本身不完备等问题。于是，1903年，张百熙联络张之洞以及清政府派来的满人荣庆，在清政府的要求下重新厘定各级学堂章程。"癸卯年初（1904年），清政府颁布了由张之洞等人订的《奏定学堂章程》，史称'癸卯学制'。这是我国第一个正式颁布后并在全国范围内实施的学制。"②相对壬寅学制，癸卯学制要完备得多，如《奏定初等小学堂章程》的框架：立学总义章第一，学科程度及编制章第二，计年就学章第三，教员、管理员章第四，屋场图书器具章第五。其中的"学科程度及编制章"对修业年限、学科科目以及所要达到的学科程度、每学年各学科的课时数、教学方法以及评价都有明确的规定，显然具备"课程标准"或"教学大纲"的大致形态。可以说，这是我国颁布的第一个中小学课程标准，也是我国中小学堂必须共同遵守的教学计划。从此，结束了全国中小学堂开课各自为政的历史，对课程提出了最基本的要求，使全国中小学堂的课程趋于一致，学科程度要求一致。《奏定学堂章程》规定小学为两级九年，初等小学堂五年，为"强迫教育"，也就是义务教育；高等小学堂为四年。初等小学堂收"国民七岁以上（满六岁）者"的儿童，培养目标是，"以启其人生应有之知识，立其明伦理、爱

---

① 璩鑫圭，唐良炎. 中国近代教育史资料汇编·学制演变[M]. 上海：上海教育出版社，2007：296.
② 刘光成. 百年中学作文命题研究[D]. 长沙：湖南师范大学，2010.

国家之根基,并调护儿童身体,令其发育为宗旨;以识字之民日多为成效"①。其中有"读经讲经""中国文字"两门与语文教育相关的课程。高等小学堂,收"已习初等小学毕业者",培养"国民之善性,扩充国民之知识,强壮国民之气体为宗旨;以童年皆知做人之正理,皆有谋生之计虑为成效"②。其中"读经讲经""中国文学"两门是与语文教育相关的课程。中学堂,继续开设"读经讲经""中国文学"课程。"可以看出,这个学制仍是在强调儒家经典在语文教育乃至全部教育中的重要地位,然而,中国文学一科应运而生。"③这点从语文课程在整个课程中所占课时的比重可以看出。癸卯学制中语文课程的周课时见表 3.2。

表 3.2 癸卯学制规定的语文课程及周课时(1904 年)

周课时\年级\内容	中学					小学							
						初等小学					高等小学		
	一	二	三	四	五	一	二	三	四	五	一	二	三	四
读经讲经	9	9	9	9	9	12	12	12	12	12	12	12	12	12
中国文字						4	4	4	4	4				
中国文学	4	4	5	3	3						8	8	8	8
占总课时比	36%					43%					58%			

(根据《奏定学堂章程》制定,资料来源:璩鑫圭,唐良炎主编《中国近代教育史·学制演变》,第 300-337 页,上海教育出版社 2007 年版)

从表 3.2 及以上所述来看,癸卯学制对语文课程、教学内容以及每周课时数都做了详细的规定。主要有以下几个特点:第一,"读经讲经"在所有学科中所占比例很大,从初小到中学的比例依次是 40%、33%、25%。课程设置具有十分浓厚的"中体西用"思想,并确定为教

---

① 璩鑫圭,唐良炎. 中国近代教育史资料汇编·学制演变[M]. 上海:上海教育出版社,2007:300.
② 璩鑫圭,唐良炎. 中国近代教育史资料汇编·学制演变[M]. 上海:上海教育出版社,2007:315.
③ 李永红. 从现代语文教育的发展看语文教学观的变化[J]. 成都教育学院学报,2003(3).

育宗旨，"至于立学宗旨，无论何等学堂，均以忠孝为本，以中国经史之学为基，俾学生心术壹归于纯正，而后以西学瀹其智识，练其艺能，务期他日成材，各适实用，以仰副国家造就通才、慎防流弊之意。"①第二，从立学宗旨以及各科教育要义来讲，语文课程的"工具"性质已经初步显现。如"中国文字"的课程目标，"在使识日用常见之字，解日用浅近之文理，以为听讲能领悟、读书能自解之助，并当使之以俗语叙事，及日用简短书信，以开他日自己作文之先路，供谋生应世之要需。"②第三，首开"中国文学"科目，是我国第一次真正地把文学教育纳入语文教育并实施。癸卯学制有明确的中小学堂读古诗歌法的规定。《学务纲要》中明确规定，"其中国文学一科，并宜随时试课论说文字，及教以浅显书信记事文法……不以雕琢藻丽为工，篇幅亦不取烦冗。教法宜由浅入深，由短而长，勿令学生苦其艰难。中小学堂于中国文辞，止贵明通"③。这里就涉及语文阅读教学的内容和方法以及教材选文上的一些要求。尤其重视实用文的教学，教法上的循序渐进仍然值得我们当下借鉴。"中国文学"科的开设，也是以后国文科的先声。第四，注重语文教学方法的改进，注意书本和实践的结合。癸卯学制的颁布，为语文单独设科奠定了基础和语文课程标准的编制呈现雏形，为我国具有学科意义的语文教育（专职教师按课时、班级授课的形式开展语文教育）揭开了近代教育史上的序幕。

总之，壬寅—癸卯学制的制定，是在废八股、停科举与兴新学、办学堂两个基础上形成的，前者客观上有利于语文教育内容的更新和充实，后者则对语文学科的诞生提供了合乎教育科学规律的有力保证。虽然癸卯学制有抄用日本学制之嫌以及封建性依然浓厚，同时也吸收了西方许多优秀的教育理论以及经验，力图以西学的手段来维护封建体制的统治，但是，癸卯学制的颁布标志着我国近代学校教育初步进入了制度化和系统化的时期，也标志着旧的学校系统和科举制度的废除以及确定了中国近代学校教育制度的基本模式。

---

① 刘光成. 百年中学作文命题研究[D]. 长沙：湖南师范大学，2010.
② 徐林祥. 中国现代语文教育的历史回顾[J]. 中学语文教学参考，1999：53.
③ 刘光成. 百年中学作文命题研究[D]. 长沙：湖南师范大学，2010.

三、1909年清末课程改革与语文课程

清政府于1909年对中小学堂章程进行了一次大的修改,这次改革的原因在于癸卯学制颁布后,实施情况一直不尽如人意。正如清政府学部在1909年5月15日在上书朝廷的《奏请变通初等小学堂章程折》上所说:"惟近年以来,稽诸各省册报,揆之地方情形,大抵都会城镇,设立初等小学堂者尚多;乡僻之区,学堂盖寡,即小学简易科亦复寥寥;盖今州、县尽心教育者实罕其人。……固由于官绅之不力,而其所借为口实者,约有数端:如经费多则立学甚难,课程繁则师资不易,读经卷太多,不能成诵,国文时刻太少,不能勤习。以上各节,其流弊固亦不可不防,自不能不量为变通。"[①]从这段话可以看出,实施情况不尽如人意的原因是多方面的:一是照搬日本学制而脱离中国当时实际。二是癸卯学制本身并不完善,科目繁多,读经时间太长。三是地方政府在面对新学制时执行不力或者排斥。四是经费和师资缺乏。为培养更多实用的人才,清政府派出大臣到欧洲考察,对德国的教育产生很大的兴趣。于是,1909年,学部发布了《奏请变通初等小学堂章程折》《奏改订两等小学堂课程折》及《奏变通中学堂课程分为文科、实科折》等,将初等小学堂课程分为初等小学堂完全科、简易科两种,完全科则将缩减为五科:读经讲经、中国文学等,五年毕业。其中读经一科,定为讲解、背诵、回讲、默写四项。对四书五经的学习,旨在讲解诵习,不令学生默写背诵。这对减轻学生学习负担及关注学生实际有着重要的意义。简易科则是针对乡村,必修课程主要有修身、读经、中国文学、算术。根据当地实际,分四年或三年毕业。中学则是分文科、实科两种,都是五年毕业。目的在于,"至中学堂之宗旨,年齿已长,趣向已分;或令其博通古今,以储治国安民之用;或令其研精艺术,以收厚生利用之功,于是文科与实科分焉。"[②]从这里可以

---

① 璩鑫圭,唐良炎. 中国近代教育史资料汇编·学制演变[M]. 上海:上海教育出版社,2007:552.
② 璩鑫圭,唐良炎. 中国近代教育史资料汇编·学制演变[M]. 上海:上海教育出版社,2007:561.

看出，变通的学堂章程，关注到学生资性和志趣的差异，实科在于功利与谋生，文科在于深造与学问。这是我国第一次初具形态的"双轨制"学制。对于语文学科来说，无论是两等小学堂，还是中学堂，基本上没有多大变化，即便是中学实科主课不包括"读经讲经"及"中国文学"，但是"实科主课之外，仍以读经等科培其本根"[①]。这次课程改革中语文课程的周课时及学科程度见表3.3。

表3.3 清末中学堂"文科、实科"中语文课程及周课时（1909年）

周课时内容	年级	一	二	三	四	五	备注
文科	读经讲经	10	10	10	10	10	主课：占总课时比为46%
	中国文学	7	7	6	6	6	
实科	读经讲经	3	3	3	3	3	通习课：占总课时比为16%
	中国文学	3	3	3	3	3	

（根据《奏变通中学堂课程分为文科、实科折》制定，资料来源：璩鑫圭，唐良炎主编《中国近代教育史·学制演变》，第562-567页，上海教育出版社2007年版）

从表3.3可以看出，1909年的课程改革，是一次大胆的改革。语文学科在文科中是主课，占总课时比为46%，这个比重是相对较大的。在实科则成了通习课，占总课时比为16%，而这个比重有点小。应该说，这是一次积极的探索，它关注了生活以及注意到课程不是一成不变的，而是随着社会发展需要而积极调整。尽管后来这些改革失败了，但不失为一次有意义的教育改革探索，因为一直到今天，我们同样在为中学的文理是否分科和分科之后各科所占比重而争论不休。

---

① 璩鑫圭，唐良炎. 中国近代教育史资料汇编·学制演变[M]. 上海：上海教育出版社，2007：562.

第二节　民国初期与北洋政府时期我国语文课程标准的逐步成形

1911年，辛亥革命爆发，次年建立中华民国南京临时政府。几千年的封建君主专制制度被推翻，而政体的变革必然带来教育体制上的改革。除了社会变革的需要外，还有现实的呼唤，正如陆费逵在《民国普通学制仪》中所说，清末教育成效不明显的原因在于"实学制不善之咎。盖年限失之太长，课程亦有未合，且陆续改订，不相联络，重复冲突，在在有之。办学者既苦于应付，升学者尤多困难。"[①]因此，改革语文课程以及语文课程标准的制定是这一时期迫在眉睫的事情。而语文教育领域则成了资产阶级与封建残余势力、复辟势力激烈争夺的新战场。

一、壬子—癸丑学制与语文课程标准

民国初创，百废待兴，亟待迅速恢复教育事业的正常运作。1912年1月19日，南京临时政府教育部即颁发《普通教育暂行课程标准》，这是我国第一份以"课程标准"来命名的教育指导性文件。其中，为合乎共和民国宗旨，《普通教育暂行办法》改革清末学制，变学堂为学校，堂长为校长，废除清政府学部审定的教科书，民间所编教科书有崇清朝政府及封建的应自行修改并上交教育部审查，初等小学可以男女同校以及废除中学文、实分科制。于语文课程来说，废除读经科。《普通教育暂行课程标准》则进一步具体规定了初等小学、高等小学及中学等的课程设置、各学年教授科目、每周课时数及各级学校的暂行课程表。但其"暂时性"反映了辛亥革命在教育领域的不彻底性，至少不能巩固和发展教育领域在反对科举、八股中所取得的成果。《普通教育暂行课程标准》中语文课程的周课时设置见表3.4。

---

① 朱有瓛. 中国近代学制史料（第三辑上册）[M]. 上海：华东师范大学出版社，1990：71.

表 3.4 普通教育暂行课程标准中语文课程及周课时（1912.1）

周课时\学年\学科	小学								中学			
	初等小学				高等小学				一	二	三	四
	一	二	三	四	一	二	三	四				
国文	10	12	15	15	10	10	10	10	8	8	5	5
占总课时比	53%				31%				19%			

（根据《普通教育暂行课程标准》制定，资料来源：璩鑫圭，唐良炎主编《中国近代教育史·学制演变》，第 607-609 页，上海教育出版社 2007 年版）

从表 3.4 中我们可以看出，《普通教育暂行课程标准》设置中学四年，初等小学和高等小学各四年，首次把"中国文字"和"中国文学"合称"国文"，是我国语文学科的首个正式名称。废除读经讲经科，更是丢弃清末课程以"中体西用"为主导的教育指导思想。这两个文件所发挥的作用，正如蒋维乔在《民元以来学制之改革》中所论述的，"革除前清学制之弊，开新学制之纪元，于全国教育停顿、办法分歧之时，赖此通令，得以维持，其影响实非浅鲜"[①]。

壬子—癸丑学制的颁布是教育宗旨的重新确定，废除了清末"忠君、尊孔、尚公、尚武、尚实"、带有浓厚的"中体西用"思想的教育宗旨。蔡元培先生曾在 1912 年 2 月发表的《对于新教育之意见》中评论过清末钦定的教育宗旨，他说，"忠君与共和政体不合，尊孔与信教自由相违"[②]，尚武其实就是军国主义，尚实就是实利主义。至于尚公，他认为，只涉及公民道德，显然范围太小，认为还包括世界观和美育。从蔡元培的文章可以看出，民国新教育宗旨是在前朝的基础上修改而来的，但是显然更具有资产阶级教育思想的色彩。随后，1912 年 9 月 2 日，南京临时政府颁发《教育宗旨令》，"注重道德教育，以实利教育、

---

① 陈学恂. 中国近代教育史参考资料（中册）[M]. 北京：人民教育出版社，1987：164.
② 璩鑫圭，唐良炎. 中国近代教育史资料汇编·学制演变[M]. 上海：上海教育出版社，2007：623.

军国民教育辅之,更以美感教育完成其道德"[①]。当年的 9 月 3 日,教育部颁发了民国第一个《学校系统令》,史称"壬子学制"。壬子学制规定初等小学修业四年,高等小学修业三年,中学校修业四年。12 月,陆续颁布各级学校校令及施行规则,以及课程表。各级学校语文课程的周课时设置见表 3.5。

表 3.5 民初中小学语文课程及周课时(1912.12)

周课时学年学科	小学						中学							
	初等小学				高等小学			一		二		三		四
								第一表	第二表	第一表	第二表	第一表	第二表	第一表	第二表
	一	二	三	四	一	二	三								
国文	10	12	14	14	10	8	8	7	7	7	6	5	5	5	5
占总课时比	48%				29%			男 18%,女 17%							

(根据《教育部公布中学校令施行规则》和《教育部订定小学校教则及课程表》制定,资料来源:璩鑫圭,唐良炎主编《中国近代教育史·学制演变》,第 679-707 页,上海教育出版社 2007 年版)

从表 3.5 中我们可以看出,这次课程调整有以下特点:第一,对民国元年《普通教育暂行课程标准》规定的中小学修业年限做了修改,高等小学减少了一年,国文比重有所下降。第二,注意到男女生之间的差异。有专门的女子中学课程设置,表 3.5 中的"第二表"就是专门给女子学校作的课程以及课时规定,这在当时封建思想依然盛行的情况下,无论是为反封建,还是对我国国民整体素质的提高都有着重大的意义。第三,其国文要旨不仅仅是对学生道德的修炼,还有对学生实际生活能力的培养。《教育部订定小学校教则及课程表》就小学宗旨明确提出,"智识技能,宜择生活上所必需者教授之","对于男女诸生,应注意其特性及将来生活","国文要旨在于使儿童学习普通语言

[①] 陈学恂. 中国近代教育史教学参考资料(中册)[M]. 北京:人民教育出版社,1987:178.

文字，养成发表思想之能力"①。

1913年3月，正式公布了中学校课程标准。在这个中学校课程标准中，无论是周课时还是课程内容都没有改动。同年，教育部综合壬子学制与陆续颁布的各种学校令，又形成一个系统，谓之"壬子—癸丑学制"。壬子—癸丑学制和壬子学制一样，整个教育期仍是十八年，共分三级四段。到这里，民国初年的学制改革基本完成，这个学制一直实施到1922年。对语文课程来说，壬子—癸丑学制对语文的学制、课程目标和课程内容方面都进行了根本性的变革。

第一是学制上的变化。在癸卯学制中，初等小学堂五年，高等小学堂四年，中学堂五年，共十四年都在学习"读经讲经""中国文学"，尤其是"读经讲经"全程都要学习。壬子—癸丑学制要求初等小学四年、高等小学三年及中学校四年，总共是十一年，且废除了"读经讲经"科，设立"国文"科。从此，语文学科真正脱离经学、哲学、史学及伦理学的"囚笼"，为语文课程的近代化向前迈出了重要的一步。尽管后来袁世凯政府掀起尊孔复辟的思潮，重新把"读经"纳入国文科，但是不久袁称帝失败，"读经"又被删除。自此后，国文课再没有"读经讲经"的要求。

第二是语文课程目标上的变化。清末学制中"忠君、尊孔"的"读经讲经"主要是以备将来学成经世之用，为封建统治服务。"中国文学"的课程目标在于"使通四民常用之文理，解四民常用之词句，以备应世达意之用"②。壬子—癸丑学制中，如中学国文课程目标是"通解普通语言文字，能自由发表思想，并使略解高深文字，涵养文学之兴趣，兼以启发智德"③。可以看出，语文课程的目标已经发生了根本性的变化，"能自由发表思想"是对封建科举考试长期给人思想禁锢的一个大的思想解放。"涵养文学之兴趣"则是在学制或者语文课程标准中第一

---

① 璩鑫圭，唐良炎. 中国近代教育史资料汇编·学制演变[M]. 上海：上海教育出版社，2007：701.

② 徐林祥. 中国现代语文教育的历史回顾[J]. 中学语文教学参考，1999（9）：38.

③ 璩鑫圭，唐良炎. 中国近代教育史资料汇编·学制演变[M]. 上海：上海教育出版社，2007：680.

次把文学教育和人的个性发展联系起来，虽然癸卯学制也提到文学教育及其教授方法，是值得肯定的一个进步，但其目的还是为科举考试或者封建统治服务。此外，改变了传统语文教育存在脱离生活、脱离实际应用的弊端。语文课程目标的变化可以说是语文课程性质的变化和丰富。

第三是语文课程实施方法的变化。"教授国文，务求意义明了，并使默写短句短文，或就成句改作，俾读法、书法、作法联络一致，以资熟习。"[①]从语文教授法来看，明显是受到赫尔巴特五段式教学法的影响，可见民国初期学制对西方教育思想的吸收。同时注重养成学生的自动力，也就是共同习惯的培养。

第四是语文课程内容的变化。《中学校令施行规则》中提到，"国文首宜授近世文，渐及近古文，并文字源流，文法要略，及文学史之大概，使作实用简易之文，兼课习字"[②]。"首宜授近世文"，是语文课程内容一个意义重大的变化，标志着语文教育从精英教育向普通教育的转向，"近世文"就是近代的白话文，这对于以前传统语文教育学习文言文是一个莫大的冲击。同时，女子也可以上学以及男女小学也可以同校。可以说，壬子—癸丑学制对语文课程内容有了结构性的变化，必然引起性质上的变化。虽然说在新学制颁布后，语文课程的内容依然以文言文为主，但是为文言文、白话文之争开了头。

事实上，"民国初年的壬子—癸丑学制，以清末癸卯学制为蓝本，课程设置及框架，民初与清末并没有多大差别"[③]。因此，民国初年学制的订立并非对清末学制的全盘否定，而是继承和发展了它的合理性。可以说，壬子—癸丑学制是在封建专制政体被推翻、资产阶级共和制度第一次出现的社会背景下产生的，时代和社会特点不可避免地在学制改革中打上鲜明的烙印。这点在语文课程中很明显。尽管单独的语

---

① 璩鑫圭，唐良炎. 中国近代教育史资料汇编·学制演变[M]. 上海：上海教育出版社，2007：702.

② 璩鑫圭，唐良炎. 中国近代教育史资料汇编·学制演变[M]. 上海：上海教育出版社，2007：680.

③ 胡伟光. 民国前期中小学语文教育研究（1912—1927）[D]. 济南：山东师范大学，2013：25.

文课程标准还没有出现，但是语文课程的目标和内容已经发生了根本性的变化。

需要注意的是，南北和谈后，袁世凯当上民国大总统，开启北洋政府统治时期，为有利于自身的称帝愿望，袁世凯除了在政体上否认共和外，还在教育领域重新把读经科纳入中小学教学并规定读经科的教学内容，"中小学各学校修身国文教科书内采取经训，务以孔子之言为旨归"①，这显然与民主共和思潮已经深入人心的民国社会相违背，必然遭到反对。但同时，北洋政府对语文课程的近代化并不抵触，他们认为，"各学校宜置国文于科学的基础之上，格外注重，尤以适用为主。中国国文受八股策论之余毒，蔓衍流传，至今未息"②。并认为，学生语文成绩差是教师教法之过，认为国文教授者要有自觉心，特别提出重视培养有条理的思想，国文的根本，是能明确措诸实用。可见，袁氏对教育的调整和封建回潮是在壬子—癸丑学制原有的框架基础上进行的，延续语文课程是"工具、应需"的观念。但其企图恢复封建旧秩序的教育措施与辛亥革命以来新的政治、文化力量相冲突，围绕学制展开的争论又有新的力度和广度以及预示着新的课程变革的到来。

二、壬戌学制与我国语文课程标准的雏形

（一）壬子—癸丑学制难以适应社会发展

壬子—癸丑学制颁布后，其实施情况一直不尽如人意。加上资本主义在中国迅速发展，壬子—癸丑学制已难以适应社会发展的需求，对教育再次改革和建立新学制，已成刻不容缓的事情。其原因如下。

首先是袁世凯以及封建旧势力在教育领域的回潮，以致后来袁世凯把民国初期颁布的教育宗旨以及各级学校令与施行规则都做了改动，教育宗旨在清末的基础上改成"爱国、尚武、崇实、法孔孟、重

---

① 朱有瓛. 中国近代学制史料（第三辑上册）[M]. 上海：华东师范大学出版社，1990：32.
② 朱有瓛. 中国近代学制史料（第三辑上册）[M]. 上海：华东师范大学出版社，1990：33-34.

自治、戒贪争、戒躁进"①，中小学校增加读经科，这种朝令夕改、倒行逆施的教育措施，引起民间以及资产阶级的反对，且复古与进步思潮长期论争，实施者不知所措，效果自然可知。

其次，壬子一癸丑学制本身存在诸多弊端。这点在1919年顾树森的《对于改革现行学校系统之意见》和1920年朱叔源的《改良现行学制之意见》两篇文章中可见一斑。顾树森认为，壬子一癸丑学制主要有以下几点弊病："第一，现行学制过重划一之弊，而中国地大物博，各省情形不一。第二，现行学制多仿他国之弊，现今学制，大部分胚胎于东邻日本。第三，缺乏职业教育方面的关注，国语重视普通教育，导致学生毕业后难以谋生。第四，现行学制中缺乏培养共和国民精神，主张设立公民科。"②朱叔源也认为，壬子一癸丑学制是抄袭国外，没有进行科学的社会调查和对学生心理的研究，"制度太划一，太不活动，不管社会的需要，不管地方的情形，也不管学生的个性……学校和社会生活，每不相适应"③。显然，壬子一癸丑学制依然是模仿日本学制而制定的，在制定的过程中，没有较多地考虑本国国情，虽说把皇帝赶下去，颁布了新的学制，但是思想观念的转变滞后于制度层面的革新。壬子一癸丑学制试图把各国的先进教育理论和制度熔于一炉，但是仍然没有跳出日本学制的窠臼。当然，这和民国初期需要紧急恢复教育事业的运转，并没有足够的时间来论证有关。因此，从某种意义上说，壬子一癸丑学制无论是影响还是其本身的完善性和成熟性，都呈现出承上启下的过渡性特征。

最后，1915年开始兴起的新文化运动是学制改革的动力之一，民主与科学的精神渗透到教育领域。民国初期学制的朝令夕改和封建复辟，促使一批有识之士觉醒过来，认为社会变革不仅是制度的革新，更需要的是思想观念的转变。新文化运动提倡"民主与科学"，提倡新

---

① 璩鑫圭，唐良炎. 中国近代教育史资料汇编·学制演变[M]. 上海：上海教育出版社，2007：771.
② 朱有瓛. 中国近代学制史料（第三辑下册）[M]. 上海：华东师范大学出版社，1990：738.
③ 朱有瓛. 中国近代学制史料（第三辑下册）[M]. 上海：华东师范大学出版社，1990：742.

文学和白话文,对旧的思想、文化、道德观给予猛烈冲击。在教育领域,新文化运动的发起者们首先把矛头对准尊孔读经。与新文化运动相伴而来的是西方教育理论、教育思想的大量引入和介绍到中国,西方教育的先进以及成果更加引发人们要求学制的改革。新文化运动对尊孔读经的批判直接导致袁世凯1915年1月颁布的教育宗旨的废除以及各教育纲要文件中涉及复古尊孔条文的删除。

（二）白话文运动和国语统一运动

在阐述壬戌学制与语文课程标准之前,这里先交代一下新学制制定前对语文教育发展很重要的两个运动:白话文运动和国语统一运动。

首先是白话文运动对语文教育的影响。其实早在晚清就有白话文的思潮,如太平天国的领袖就提倡明白易晓的"俗语",主张"文以纪实、言贵从心"等。清末白话文运动的兴起,也包括当时社会有识之士对腐败的八股取士科举制度的弊端的反思和批判以及在语文教材编写上的白话文转向。癸卯学制和壬子—癸丑学制中也都有提倡白话文的说法。如癸卯学制在阐述"中国文字"要义时就提倡用"俗语叙事",壬子—癸丑学制规定"国文"课教学内容"宜授近世文"。而"五四"白话文运动比之前的更具蓬勃的生命力。它主张"白话代文言,而高揭文学革命的旗帜",应该说,"五四"白话文运动始于"文学革命",白话文运动为文学革命鸣锣开道,也为独立设科以来的语文教育革新带来新的因素。

其次是国语统一运动对语文教育革新的影响。白话文和国语都注重言文一致,前者重在书面语,后者重在口头语。清末提倡讲官话,对后期国语运动和提倡白话文奠定了一定的基础。民国成立后,反而比清末倒退,如癸卯学制就规定,"使习通行之官话,期于全国语言统一,民志因之团结"[①]。可见清末朝野都已提倡国语统一,但是民国初期学制却只规定"读音统一"。新文化运动和五四时期,文化教育界人士开始再度关注国语统一的问题,并于1916年成立国语研究会,大力

---

① 璩鑫圭,唐良炎.中国近代教育史资料汇编·学制演变[M].上海:上海教育出版社,2007:319.

鼓吹改"国文"为"国语"的主张，并开办国语讲习所，培养国语教员。1917年10月，第三次全国教育联合会议决了《推行国语以期言文一致案》，并要求教育部速定国语标准。主张"莫如改国民学校之国文科为国语科，将国文程度改浅，国语程度提高……俾文与语之距离渐相接近，成一种普通国语"[①]。1918年，正式公布了注音字母。后来，在国语研究会的基础上，成立了国语统一筹备会，提出《国语统一进行方法》，提出"国民学校全用国语，不杂文言；高等小学酌加文言，仍以国语为主体"[②]。1920年，北洋政府教育部根据上述两个议案，颁发《国民学校令施行规则》，令"国民学校国文科宜改授国语为言，体察情形，提倡国语教育……凡国民学校一二年级先改国语文为语体文，以期收言文一致之效"[③]，改"国文"为"国语"，宣告"国语科"的诞生。白话文进入国文教材，以法令的形式规定了白话文在语文教学中的合法地位，语文课程的教学内容与教学方式发生了根本性的变化。

（三）壬戌学制

早在1915年4月，湖南省教育会就在全国教育会联合会第一届年会上提出改革学校系统的议案，这是后来学制和课程改革的先声。1919年全国教育联合会呈请教育部宣布以"养成健全人格，发展共和精神"为新教育宗旨的提案。但当时教育部并未采纳。直至壬戌学制公布，才吸收此案意见。1921年10月，全国教育会联合会在广州召开第七届年会，各省教育会提交的学制改革议案达十一件之多，最后以广东省的议案为基础，参考其他提案，拟定出"学制系统草案"，史称"辛酉学制"，其为壬戌学制的制定奠定了坚实的基础。后又在教育部举行的全国学制会议和全国教育会联合会第八届年会上做了修改和修订。1922年11月，北洋政府在"辛酉学制"及参考相关会议的基础上，以大总统令的名义正式制定颁布了《学校系统改革案》，史称"壬戌学制"。

---

① 税锐华. 清末民初语文教育研究[D]. 武汉：华中师范大学，2010：26.
② 梁尔铭. 全国教育会联合会与中国现代语文教育的发展[J]. 教育史研究，2008（1）：53.
③ 朱有瓛. 中国近代学制史料（第三辑上册）[M]. 上海：华东师范大学出版社，1990：158.

列七项标准，即："适应社会进化之需要；发挥平民教育精神；谋个性之发展；注意国民经济力；注意生活教育；使教育易于普及；多留各地方伸缩余地。"①可以看出，此改革案受杜威的实用主义教育的影响很大。其中规定，小学由原来的七年改为六年，中学则延长为六年，将原来的"七四制"改为美国式的"六·三·三"制，中学校采用选科制和分科制，相应地改学年制为学科制和学分制。相比于壬子—癸丑学制，壬戌学制主要有几个特点：首先，新学制体现弹性制和多样化。如七项标准中的第三条"谋个性之发展"，第五条"多留地方伸缩余地"。这就是弹性。弹性制的规定可以说纠正了旧学制整齐划一的缺点。其次，中学教育不再仅仅是为升学做准备，而是重视职业预备，适应了社会和时代发展的要求。再次，壬戌学制制定时间长，历经多次酝酿与讨论，除了顺应世界教育发展的潮流外，在适应本国国情及教育自身的规律方面做了一次艰难的尝试。最后，新的学制重视教育与社会生活的紧密联系，注重发展儿童个性。这也是壬戌学制最显著的特点之一。当然，壬戌学制对本国国情还是估计不足，师资、教材、设备等极度缺乏的条件给壬戌学制的实施带来极大的困难，如综合中学的施行和各类职业科的开设、大量的选修课和学分制的实行，效果并不理想。壬戌学制下语文课程的学分设置见表 3.6。

表 3.6 壬戌学制下语文课程及学分数

学分 科目	小学				初中	高中	
	语言	读文	作文	写字	言语科	普通科甲组	普通科乙组
国语（必修）	6	12	8	4	32	16	16
特设国文 （分科专修）						8	
占总学分比	30%				18%	16%	11%

（根据壬戌学制制定，资料来源：陈侠著《课程论》，第 74-78 页，人民教育出版社 1989 年版）

从表 3.6 中我们可以看出，首先，在语文及其他课程的学习上，

---

① 璩鑫圭，唐良炎. 中国近代教育史资料汇编·学制演变[M]. 上海：上海教育出版社，2007：1008.

取消了男女生差别，使男女学生在课程的学习以及课程的选择上实现了平等。其次，小学语文分为"语言、读文、作文、写字"四项，并有不同学分要求，这是我国语文课程标准中第一次明确语文课程的内容分类，语文学习首次涵盖"听、说、读、写"四大语文课程内容。再次，从小学到中学将国文课改为国语课，只是在分科专修中设置特色国文课。"从形式上看，国文与国语之间只有一字之差，却有着重要的意义，它从此结束了我国语文教学中文言文一统天下的局面，由此打破旧有国文科在教学目的、课程内容以及教材、教法等方面以文言为中心的格局，改变'言文不一致'的现实状况，其目的首先是'使学生有自由发表思想的能力'。"[①]最后，"对每个学段的各部分目标明确注明'学分支配'，这是我国语文课程标准发展过程中空前的做法，就算在今天，也是高中才出现"[②]。

（四）新学制课程标准

在新学制颁布后，全国教育会联合会接着就组织"新学制课程标准起草委员会"，负责拟定中小学课程标准。小学取消修身科，增加公民课，国文改为国语，高中分普通科和职业科，并设公共必修、分科专修和选修三类课程。中小学国语课程纲要的制定则由吴研因、叶圣陶、穆济波等负责。1923年陆续公布了小学、初中和高中国语课程纲要，自此，语文学科才被置于一个要求比较明确而相对形成一个系统的基础之上。其中，《新学制课程标准纲要小学国语课程纲要》由吴研因拟定。其框架为：目标、作业类别、各学年作业要项、教学方法要点、最低限度。相当于现在的课程目标、课程内容及实施建议，有了明确的分类，表明我国语文课程标准的编写与制定开始成形。《新学制课程标准纲要初级中学国语课程纲要》则由叶圣陶拟定，高中则分《新学制课程标准纲要高级中学公共必修的国语课程纲要》和《高级中学第一组必修的特色国文课程纲要（含文字学引论和中国文学史引论）》，都由胡适起草。这些"纲要"都相应地规定了学分，都在不同程度上

---

① 吕达. 课程史论[M]. 北京：人民教育出版社，1999：308.
② 转引自：快乐阅读网. 关于语文课程标准的结构[EN/OL]. [2015-10-1].

反映了"五四"新文化运动中白话文运动和国语统一运动的成果，为语文教育的普及及其在教学上对个性发展的促进提供了一定的条件。这些"课程标准纲要"虽未经政府正式颁发，但因全国教育会联合会及其所属的课程标准起草委员会在当时具有代表性和权威性，各地都能按此纲要执行。"它们在我国教育史上可以说是第一次较为完整地以教育法则形式明确了语文学科的性质、教学目的和任务、教材体系、教学原则、教学内容及分阶段教学要求等，初步形成了现代语文学科的纲领性文件，也是我国第一次以'课程标准'命名的语文教育指导性文件，成为后面语文课程标准编写和修订的样板，对以后的语文教学，都产生过一定的积极影响。"[1]正如叶圣陶先生所说："我国有课程标准，从民国十一年颁布新学制课程标准开始，以后历次修订，内容和间架都和第一次颁布的相差不远，没有全新的改造。"[2]可以说，1923年编制的语文课程标准标志着我国语文课程标准的逐步成形，无论是语文课程标准的内容，还是语文课程标准的形式或框架及语文课程与教学理念的阐述上，都与之前的语文课程标准有所创新和超越。

第一，语文课程标准第一次以独立的文件或纲要形式出现，在此之后的语文课程标准或语文教学大纲的编制，都是以独立的文本出现，这不同于以往只是存在于总的学制或章程之中，这为语文教育教学的近代化提供了一个良好的开端。

第二，在框架结构上，有了明确的结构。如《新学制课程标准纲要小学国语课程纲要》的框架：目的、程序、方法、毕业最低限度的标准。这与清末民国初期的语文课程标准相比，有了明显的变化，对语文课程标准的框架不再是简单的教学要求，而是对语文课程的性质和目的、教学的目标及方法等都有较为明确的描述。

第三，在课程标准的内容上，第一次以学年或学段加目标的陈述形式来阐述语文课程的具体目标，体现语文课程目标的阶段性。之前的语文课程标准只是对小学、中学的课程目标做总的阐述。

---

[1] 李杏保，顾黄初. 中国现代语文教育史[M]. 成都：四川教育出版社，2004：78.
[2] 叶圣陶. 叶圣陶教育名篇[M]. 北京：教育科学出版社，2007：75.

第四，白话文及白话文教学在语文课程标准中得到合法地位，这对语文教学产生的冲击和影响较大。

第五，在具体的识字与写字量、阅读量上有了相对明确的规定。后世的课程标准也一直延续这种做法。

第六，学分制及选科制等先进教育理念被引进语文课程标准的制定和实施中，我国语文课程标准编制上与国际实现了同步。

第七，1923年语文课程标准在制定过程，编制人员构成，整个编制过程中较浓的民主气息、较强的科学精神及课程标准的弹性制和多样化等方面至今仍有很强的现实借鉴意义。应该说，1923年制定的语文课程标准，无论在课程理念上还是内容与形式上都有其独特的长处和显著的进步。当然，我国语文教育在顺应世界教育发展潮流，学习先进的国外教育经验的同时，对自己的国情还是估计不足，了解不深，存在一定程度的崇外倾向，从而给语文课程标准的实际施行带来许多困难，如中学语文课程标准对略读书目的规定，许多地方并不一定备有欧美小说及域外小说等书刊。选修课的开设及学分制的实施，或因缺乏师资、教材、设备等相应的条件而达不到预期的效果。

第三节 南京国民政府时期我国语文课程标准的发展与完善

1927年，中国国民党在南京成立国民政府。国民政府除延续和继承北洋时期的一些教育政策和法规外，还根据当时的国际国内形势，确定教育宗旨为"中华民国之教育，根据三民主义，以充实人民生活，扶植社会生存，发展国民之生计，延续民族生命为目的，务期民族独立、民权普遍、民生发展以促进世界大同"。[①]随着教育宗旨的重新制定，国民政府据此多次颁布了课程标准。下面我们来看一下南京国民政府时期中小学语文课程标准的演变：小学方面，1929年8月颁布《小

---

① 李桂林. 中国现代教育史教学参考资料[M]. 北京：人民教育出版社：1987：289.

学课程暂行标准小学国语》；1932年10月公布了正式的《小学课程标准国语》；1936年7月公布修正后的《小学国语课程标准》；1941年颁发修订《小学国语科课程标准》；1948年1月公布第二次也是最后一次修订的《国语课程标准》。中学方面，1929年10月制定实施《初级中学国文暂行课程标准》和《高级中学普通科国文暂行课程标准》；1932年审定修改后公布了《初级中学国文课程标准》和《高级中学国文课程标准》；1936年实施修订后的《初级中学国文课程标准》和《高级中学国文课程标准》；1940年颁布重新修订的《修正初级中学国文课程标准》和《修正高级中学国文课程标准》；1941年公布《六年制中学国文课程标准草案》，只是在少数学校试验，并没有在全国推行；1948年制定《修订初级中学国文课程标准》和《修订高级中学国文课程标准》（由于国民政府在大陆的全面溃败，来不及实施），其简化了1941年国文课程标准的内容，仅留"目标"和"纲领"两项。

一、南京国民政府时期的语文课程标准

（一）1929年语文课程标准

1928年5月,国民政府酝酿成立中小学课程标准起草委员会。1929年8月，国民政府教育部颁布中小学课程的暂行标准，"这是以政府教育部名义公布的，具有教育法规性质的第一套课程标准"[①]。中小学国语、国文课程暂行标准，对中小学语文学科的教学目的和要求、教学内容、教法等做了比以往更加具体、明确的规定。《小学课程暂行标准小学国语》内容有五项："目标；作业类别；各学年作业要项；教学方法要点；最低限度，说话、读书、作文、写字均分项列出。"把中学"国语"改为"国文"。《初级中学国文暂行课程标准》和《高级中学普通科国文暂行课程标准》分为六个部分："目标；作业要项；时间支配；教材大纲；教法要点；毕业最低限度。"相对于以往的语文课程标准文件，单独提出了教法要点、作业要项和教材大纲，表明对语文教师的教学方法和学生的学习方法及习惯的重视；对选用教材的标准以及文

---

① 荣华. 汉语母语教育意识的觉醒[D]. 呼和浩特：内蒙古师范大学，2002.

言文、白话文比例的分配做了相对合理的规定。但是在教材选用的标准中可以明显地看到三民主义的教育思想融入语文课程标准，这是国民政府实施"党化教育"的体现。1929年的语文课程标准标志着我国语文课程标准内容和形式的基本成形。在学制不变（国民政府没有正式颁布过一个学制，沿用壬戌学制）的情况下，从1932年到1948年颁布的语文课程标准，都是在1929年公布的语文课程标准的基础上，对教学目标、实施建议等有所损益，相互之间具有一定的延续性。

（二）1932年语文课程标准

1929年的中小学暂行语文课程标准试行了三年后，1932年经过修订后正式颁发，这个时期的课程标准彻底取消了选科制，学分制改为学时制，文理不分组，取消选修科目，加大语文科的分量。首次试行中学会考制度。在语文课程目标上加入了"深切了解固有文化，以期达到民族振兴之目的"一条，这主要是九一八事变以来，日本加紧侵华，民族矛盾成为当时国内最主要的矛盾。在保持1929年语文课程标准的体例上，《小学课程标准国语》以附件的形式说明"各种文体说明、读书教材分量支配、教材的编写及教学要点"，这是第一次把文体知识融入语文课程标准的内容之中，虽然只是以附件的形式。

（三）1936年语文课程标准

1932年正式课程标准实施后，各地中小学施行。由于规定的教学时量过多和所学科目繁重，学生的学业负担相当重，加上会考的压力，以及在一片"救救中学生"的呼声中，又开始了对中小学课程的新一轮调整。从内容到形式，可以明显看出，1936年颁布的语文课程标准几乎没有对1932年的语文课程标准做大的改动，只是减少了教学时数。此外，相比1929年，修订后的语文课程标准增加了"唤起民族意识""了解固有文化"的目标要求，在文言读写上大大提高了要求，同时把文学教育的要求提高，注重培养学生欣赏文艺的能力。

（四）1940年和1941年语文课程标准的修订

这个时期正处在中国抗日战争时期，但是国民政府本着教育应"战时须作平时看"的原则，1940年的语文课程标准实际对1936年的语文课程标准并没有做很大的调整。"1941年颁布的《小学国语科课程标准》特点是国语常识合编，体现在标准中就是增加了各学年教材内容范围，且初级、高级具体详细列出。"[①]另外，课程标准的附件有"文法的组织"的内容，是第一次将文法内容列入语文课程标准。1941年颁布的《六年制中学国文课程标准草案》则是以"六年一贯制"取代原先的"三·三制"，正如前面说到的，这个草案只是在少数学校进行试验，并没有在全国推行过。

（五）1948年语文课程标准的修订

1948年1月，第二次也是最后一次修订的《国语课程标准》《修订初级中学国文课程标准》和《修订高级中学国文课程标准》公布（由于国民政府在大陆的全面溃败，来不及实施），其简化了1941年语文课程标准的内容框架，仅留"目标"和"纲领"两项，但是内容更加完善。

从1929年到1948年的语文课程变革中，虽然公布了多个语文课程标准，但实质上没有多大的变动，加上国民政府没有正式颁发一个学制及中国时局的变化，导致语文课程标准呈现临时性、不稳定性、随意性。这一时期语文课程标准的多次修订和讨论，往往涉及语文课程、教材教法的一些全局性、根本性问题，大致可以反映出新文化运动以来人们对这门学科的性质、目的、任务及教材支配、实施方法等的认识发展。但从1929年到1948年的语文课程标准，已经不再是以前各科综合制定的课程标准了。可以说，在这一时期，我国语文课程标准的制定无论在内容上还是形式上都在发展中逐渐完善。

二、南京国民政府时期语文课程标准的特点

南京国民政府时期的语文课程标准，归综而言，有下列几个特点。

第一，语文教育目标上都是培养学生的听说读写能力及培养学生

---

① 转引自王世堪. 人文性、工具性及其他[EB/OL]. [2015-9-1]. 人教网人教论坛，http://bbs.pep.com.cn.

的阅读兴趣，并在此基础上进行情感价值观的教育。

第二，积极推行思想政治教育。就是"党化教育"，也即三民主义教育及后来的民族、爱国主义教育。这体现在这一时期语文课程标准中对教材编写的特殊要求，加入"党义文选"。

第三，在语文课程标准的框架结构上，更加完善成熟，如小学国语课程标准中的"各学年作业要项"，对各学年"说话、读书、作文、写字"四大教学内容进行规定或设置标准，这有点类似今天新课程标准中的"内容标准"。当然，语文新课程标准的框架中并没有这一项，而这也是值得我们深思的一个地方：为什么语文新课程标准不设立"内容标准"这一板块，其理由是什么？应该说，这一时期的语文课程标准中对课程目标及内容标准的阐述方式及形式有利于增强课程标准的操作性，值得我们借鉴。

第四，在内容上，有较为明确的文体类别划分及说明，对各种文体在读书教材中所占的比例，这一时期的语文课程标准中都有较为明确的规定。尽管每次颁布的语文课程标准规定不一样，但也说明了人们对于在阅读教材中各种文体应该占的比重及各学年的比重等问题的认识在进一步深化。

第五，相对语文新课程标准来说，有较为详细的语文教材大纲或语文教材编选注意要点。这主要以"建议加说明"的陈述方式来说明语文教材编写要注意的要点。这有利于加深教师对课程标准的理解，进而有利于课程标准的实施。

第六，有成熟的语文教学方法的指导建议，正确地把握了语文教育的特点。这体现在这一时期每一套语文课程标准中都有"教学要点"的内容板块，相当于语文新课程标准中的"教学建议"板块。之所以说这一时期语文课程标准有成熟的语文教学及方法的建议，是因为无论是对说话教学，还是阅读教学及作文教学，最后是写字教学或书法教学，所做出的教学建议大都适应汉语言文字的特点来进行指导。如对"整体感知"的界定，"须先全体的概览而后局部的分析，先内容的吸取而后形式的探求，先理解而后记忆"。这条关于阅读教学的要点主要有这么几层含义：一是要重视"整体感知"，二是"整体感知"不等于不对文本进行分析，三是强调与文本的对话。还有小学作文教学对口述作文的重视，他们认为，要先会说，再进行写作的训练。当然，南京国民政府时期颁布了多个语文课程标准，有的实施才一两年，新的课程标准就已经出来了，这使得这一时期的语文课程标准具有临时性、不稳定性、随意性。频繁地颁布语文课程标准，也给语文教学的实施带来麻烦。

第四节 小结

从清末民国时期语文课程标准的嬗变过程来看，其大致经历了以下几个变化：

一是从模仿照搬别国学制或课程标准到结合国情的不断探索。如癸卯学制和壬子—癸丑学制受日本学制的影响很大，壬戌学制是结合实际情况而制定的学制。

二是对外来教育理念或观念的吸收从全盘吸收到有所选择。

三是对语文学科的性质和特点有了较为明确的认识。如对语文学科性质的认识，从癸卯学制对"中国文字""中国文学"的目的之一是"供谋生应世之要需""以备应世达意之用"，到民国初期的"使儿童学习普通语言文字，养成发表思想之能力"，再到1923年新学制国语课程纲要的"练习运用通常的语言文字"，再到1929年语文课程标准的"练习运用本国的标准语，以为表情达意的工具"，对语文学科的工具性质的认识逐步深化和稳定。

四是清末民国时期语文课程标准的制定深受社会政治的影响，基本上每一次政权更替，语文课程标准也随之修订或重新编制，但它们之间还是具有一定承继关系。探讨清末民国时期语文课程标准演变的历史原因和经验教训，有利于我们明白语文学科本身发展的内部规律，减少不必要的曲折迂回，开拓出语文课程改革的宽广道路。

第四章 清末民国时期语文课程标准的框架结构分析

从 1902 年到 1949 年的每一次语文课程标准的颁发,无不体现出当时的社会、政治、经济及文化发展对语文教育的要求,更体现出对语文学科本身及其特点的逐步认识。上一章我们阐述了清末民国时期语文课程标准的嬗变,有利于我们了解当时的语文课程标准是如何一步一步演变的,也有利于我们把握语文课程标准及语文教育发展的规律,为今天语文新课程标准的制定与实施提供借鉴之义。但是,仅仅对清末民国时期语文课程标准的演变做系统的梳理显然是不够的,还要对其框架及内容做细致的分析。从某种意义上讲,对语文教学产生直接影响的是语文课程标准本身的框架及内容。

第一节 清末民国时期语文课程标准框架结构的演变

所谓课程标准的框架,"是指同一套课程标准的具体格式,这主要是规范一个国家或地方的各个领域或各门课程在学生学习结果方面的陈述方式。尽管各国的课程标准框架是多种多样的,至今也没有一个国际公认的陈述形式,但是同一套标准的格式基本上还是一致的。这主要有利于体现规范文件的严肃性与正统性,有利于标准的宣传、交流与传播,也有利于教师的阅读、理解与接受。"[①]一般来说,"课程标准的框架可以从两个方面来理解,一是整套标准的结构,二是某一门课程或领域的结构"[②]。本章要分析的是清末民国时期语文课程标准的

---

① 张农. 大陆、台湾九年一贯制《语文课程标准(纲要)》的比较研究[D]. 上海:华东师范大学,2004:16.
② 崔允漷. 国家课程标准与框架的解读[J]. 全球教育展望,2001(1):31.

框架结构。

　　框架结构是课程标准最基本的显性标志，是课程标准内容的呈现形式。清末民国时期的语文课程标准由框架结构简单到结构完善、清晰分明，每一套语文课程标准在框架板块上随着国际国内形势的发展而适当调整。下面通过表 4.1 来分析清末民国时期语文课程标准框架结构的变化。

表 4.1　清末民国时期语文课程标准的框架结构一览表

年份	课程标准名称	框架结构
1902	《钦定蒙学堂章程（摘录）》 《钦定小学堂章程（摘录）》 《钦定中学堂章程（摘录）》	功课教法
1904	《奏定初等小学堂章程（摘录）》 《奏定高等小学堂章程（摘录）》 《奏定中学堂章程（摘录）》	学科程度及编制
1909	《学部奏变通中学堂课程分为文科、实科折（摘录）》	学科程度授课时刻
1912	《教育部订定小学校教则及课程表（摘录）》	教则、课程表
	《教育部公布中学校令施行规则（摘录）》	学科及程度
1913	《中学校课程标准（摘录）》	课程表及学科内容
1916	《国民学校令施行细则（摘录）》	教科及编制
1923	《新学制课程标准纲要小学国语课程纲要》	目的、程序、方法、毕业最低限度的标准
	《新学制课程标准纲要初级中学国语课程纲要》	目的、内容和方法、毕业最低限度的标准
	《新学制课程标准纲要高级中学公共必修的国语课程纲要》	目的、内容与方法、毕业最低限度的标准
	《高级中学第一组必修的特设国文课程纲要（一）文字学引论》	目的、内容
	《高级中学第一组必修的特设国文课程纲要（二）中国文学史引论》	目的、内容

续表

年份	课程标准名称	框架结构
1929	《小学课程暂行标准小学国语》	目标、作业类别、各学年作业要项、教学方法要点、最低限度
	《初级中学国文暂行课程标准》	目标、作业要项、时间支配、教材大纲、教法要点、毕业最低限度
	《高级中学普通科国文暂行课程标准》	目标、作业要项、时间支配、教材大纲、教法要点、毕业最低限度
1932	《小学课程标准国语》	目标、作业类别、各学年作业要项（包含三个附件：附件一各种文体说明；附件二读书教材分量支配；附件三教材的编选，应注意下列各点）、教学要点
	《初级中学国文课程标准》	目标、时间支配、教材大纲、实施方法概要
	《高级中学国文课程标准》	目标、时间支配、教材大纲、实施方法概要
1936	《小学国语课程标准》	目标、作业类别、各学年作业要项（包含两个附件：附件一读书教材各种文体说明；附件二读书教材编选的注意点）、教学要点
	《初级中学国文课程标准》	目标、时间支配、教材大纲、实施方法概要
	《高级中学国文课程标准》	目标、时间支配、教材大纲、实施方法概要
1940	《修正初级中学国文课程标准》	目标、时间支配、教材大纲、实施方法概要
	《修正高级中学国文课程标准》	目标、时间支配、教材大纲、实施方法概要

续表

年份	课程标准名称	框架结构
1941	《小学国语科课程标准》	目标、教材纲要（包含两个附件：附件一读书教材文体的分类和支配；附件二文法的组织）、教学要点
	《六年制中学国文课程标准草案》	目标、时间支配、教材大纲、实施方法概要
1948	《国语课程标准》	目标、纲要
	《修订初级中学国文课程标准》	目标、时间支配、教材大纲
	《修订高级中学国文课程标准》	目标、时间支配、教材大纲、实施方法

（根据课程研究所编《20世纪中国中小学课程标准·语文卷》，人民教育出版社2001年版所提供资料整理制定）

从表4.1我们可以看出清末民国时期语文课程标准有着明显的变化轨迹，语文课程标准的内容和结构在清末民国时期走过了一个不断丰富、构建和转型的历程。总的来说，主要有以下几个特点：

第一，从语文课程标准的名称变化来看，由最初的融入整套学制或标准中到语文课程标准以单独的形式出现。从1902年的壬寅学制到1916年的《国民学校令施行细则》，语文教育的目的、方法，内容散见于整套学制或标准的几个条款或总表中，没有单独形成一个板块。如壬寅—癸卯学制中的"功课教法""学科程度及编制"，民国初期则延续了清末的做法，并没有把对语文教育的要求单独形成一个板块或一个独立的课程标准，直到1923年，我国语文课程标准才开始以独立的形式出现。

第二，语文课程标准以独立的形式出现后，在学段的划分上更加细致，除1941年的《六年制中学国文课程标准草案》外，且一直延续"小学、初中、高中"三段式的划分，直到今天依然如此。

第三，从表4.1可以看出，这一时期的语文课程标准的编制及对其框架结构的设计主要是从利于学生"学"的角度来进行的。

第四，从框架结构板块来看，其框架结构层次更清晰，并趋于稳定与完善。民国初期语文课程标准的框架结构基本上延续了清末时期的框架，内容散见于"功课教法""学科程度及编制"，笼统地说明语文教学的目的、方法、学时。到 1923 年，语文课程标准以独立的形式呈现并形成了我国语文课程标准的初步框架：目的、内容和方法、毕业最低限度的标准。此后颁发的语文课程标准都是在 1923 年制定的语文课程标准的基础上编制的。

第五，有较为明确清晰的术语解释并成为语文课程标准重要的组成部分。先是以附注的形式来解释课程标准中涉及的术语，主要解释各种文体的概念及教学注意事项，后以附件的形式集中对各种文体进行说明。一方面有利于教师对语文课程标准的理解和实施，另一方面有利于培养学生的文体意识。针对当下学生所写的作文"四不像"的现实，这一点值得我们去借鉴。当然，增加语文课程标准术语的解释，并不仅仅限于对各种文体的概念进行解释，在全球化的今天，各国在相互吸收对方优秀的教育理念的同时，也带来了令许多学生生分的术语，如"综合性学习""研究性学习""课程资源"等术语，而解释这些术语是语文新课程标准所要做的。

第六，有专门的"时间支配"也是这一时期语文课程标准框架的特色之一。直到中华人民共和国成立后编制的各套语文教学大纲，发展到对每一篇课文都有明确教学课时的限制，这就过于脱离语文教学的特点及规律了。2001 年颁布的语文新课程标准中没有对各个教学内容板块有指导性的时间支配建议，只是 2003 年颁布的普通高中语文课程标准对必修课程和选修课程有学分及完成时间上的规定。其实课程标准要不要有专门的"时间支配"值得我们深思，有待于进一步研究。

第七，有较为明确的"内容标准"，虽然并不成熟，但是值得借鉴。这主要体现在这一时期的小学语文课程标准的框架结构中，中学语文课程标准则少见。如 1923 年的"程序"，1932 年到 1936 年的"各学年作业要项"，1941 年的"教材纲要"，1948 年的"纲要"。其实这些板块在今天看来类似于新课程标准中的"内容标准"。其陈述方式是"学习领域+学年+内容"，具体回答了语文学科应该教什么，学生应该学什么的问题。但是语文新课程标准并没有"内容标准"这一板块，语文新课改以来出现的语文教学随意性加大及教学内容的不明确，可能就和没有带有指导性的"内容标准"有关。民国时期语文课程标准的"内容标准"及陈述技术值得我们借鉴。

第八，对中学国文"精读"和"略读"书目的推荐、选用标准的界定及"精读"和"略读"方法上的指导值得我们借鉴。这一点在语文新课程标准中是没有的。

与此同时，我们把《2011年版义务教育语文课程标准》与1936年小学、初中语文课程标准的框架结构做对比，见表4.2。

表4.2 义务教育语文课程标准（2011年版）与1936年语文课程标准框架结构对比

2011年版语文课程标准		1936年小学/初中语文课程标准
前言	课程性质 课程基本理念 课程设计思路	
时间支配		体现在各学年作业要项/时间支配
课程目标	总体目标与内容 阶段目标与内容	目标/目标
教材大纲		无/教材大纲
内容标准		作业类别、各学年作业要项/教材标准
实施建议	教学建议 评价建议 教材编写建议 课程资源开发与利用建议	教学要点/教法要点
附录	优秀诗文背诵推荐篇目 关于课外读物的建议 语法修辞知识要点 识字、写字教学基本字表 义务教育语文课程常用字表	读书教材各种文体的说明 读书教材编写的注意点

从表4.2可以看出，2011年版语文课程标准框架结构相对完整，具有较好的内在关联度和一致性，相对系统化。比如2011年版语文课程标准的"实施建议"，其中的评价建议和课程资源开发与利用建议是清末民国时期语文课程标准所没有系统提出。但是，清末民国时期语文课程标准的框架结构演变、转型的过程中，其中的某些共同元素仍

然值得今天建构具有操作性强的语文课程标准框架结构借鉴。

第二节　清末民国时期语文课程标准框架结构演变的启示

首先，从"学生的学"的角度构建语文课程标准的框架结构。是从"教师的教"还是从"学生的学"的角度构建语文课程标准（教学大纲）的框架结构，在近百年的时间中，周而复始，基本成螺旋状的态势发展。清末民国时期主要是从"学生的学"的角度建构。中华人民共和国成立后，我国语文教学大纲基本上从"教师的教"的角度而建构的，在 21 世纪初，我们又回到"学生的学"的角度。从这个意义上说，这一时期对语文课程标准框架结构的探索是值得肯定的。比如，1932 年《小学课程标准国语》和 1936 年《小学国语课程标准》的框架：目标、作业类别、各学年作业要项、教学要点等，无论是框架，还是目标和内容标准的论述基本都是从"学生的学"的角度来建构。

其次，毕业最低限度的标准的制定及修订很有必要。"毕业最低限度的标准"只在 1923 年和 1929 年的语文课程标准中出现，类似于当下课程标准框架中重要的组成部分：能力标准或学业质量标准。这是一种有价值的探索。比如 1929 年《小学课程暂行标准小学国语》在第五部分"最低限度"对初级小学生默读能力的标准："默读速度，每分钟能阅一百八十字到二百字。默读标准测验分数在 4.5 以上。"[①] "能力标准"在国外的母语课程标准中较为常见，比如德国的《德国完全中学 10 年级课程标准》的第三部分就是"语文的能力标准"。这是当下语文新课程标准所缺乏的。

再次，文体说明、术语解释是语文课程标准框架不可缺少的一部分。清末民国时期的语文课程标准在文体说明、术语解释上做了一个很好的典范。这也是当下语文课程标准所缺乏的。课程标准的研制是一项严肃的学术工作，课程标准最重要的属性是可操作性，对基础教

---

① 课程教材研究所. 20 世纪中国中小学课程标准·教学大纲汇编（语文卷）[G]. 北京：人民教育出版社，2001：21.

育语文教学中的文体进行说明，对相关术语进行合理解释有助于提高语文课程标准的可操作性，从而构建基于标准的语文教学。

最后，"内容标准"建构的探索值得肯定。"'内容标准'主要说明学生应该掌握的重要知识与能力。主要是明确学生应该知道什么和能够做什么，解决的是'应为'的问题。"[①]按这个定义来看，《2011年版语文课程标准》实际是没有内容标准的。"'内容标准'不是想要就有的，它需要研制，而研制'内容'则主要涉及认知的问题。"[②]没有内容标准，主要是我们的知识准备不足。清末民国时期的语文课程标准在内容标准的研制上做了初步的探索。比如，民国语文课程标准中的"教材大纲、各学年作业类别"等。这里以1941年《小学国语科课程标准》框架结构中的第二部分"教材纲要"为例，1941年小学语文课程标准中的"教材纲要"分初级小学和高级小学两部分，每部分分甲、乙两个内容，"甲"主要是初级、高级各学年教材形式，"乙"是初级、高级各学年教材内容范围，具体见表4.3。

表4.3 1941年《小学国语科课程标准》"内容标准"体例

学段＼形式	各学年教材形式（甲、丙）	各学年教材内容范围（乙、丁）
小学初级（1~4）	说话、读书、作文、写字等四大板块在每学年的内容	关于个人生活的、关于学校生活的、关于家庭生活的、关于乡土生活的、关于民族国家的、关于世界人类的等方面详细的内容范围
小学高级（5~6）	说话、读书、作文、写字等四大板块在每学年的内容	关于公民的、关于历史的、关于地理的、关于自然的以及有关中外音乐家、美术家、体育家的传记和音乐、美术、体育故事等的内容范围

除了表4.3中的内容外，在每一部分后面规定了各个学习领域的

[①] 王月芬，徐淀芳.重新反思"课程标准"：国际比较的视角[J].教育发展研究，2010（18）：65-69.

[②] 王荣生.求索与创生：语文教育理论实践的汇流[M].济南：山东教育出版社，2013：21.

学习时间和教学原则，比如，小学第一、二学年，四大学习领域采用混合教学的原则，每周教学的时间共 420 分钟。三、四学年混合教学和分别教学交互使用。总体来说，教材内容范围是各学年四项学习领域（说话、读书、作文、写字）取材的标准，并配合教材形式，分别变成教材，"尤其是读书教材，应编成记叙文或韵文等各种体裁的儿童文学"[①]。内容标准既有内容，也有标准，值得今天语文课程标准学习借鉴。

---

① 课程教材研究所. 20 世纪中国中小学课程标准·教学大纲汇编（语文卷）[G]. 北京：人民教育出版社，2001：45.

第五章　清末民国时期语文课程标准的课程目标与教学内容板块分析

王荣生先生曾指出，"课程内容相对于过去教学大纲（课程标准）里所说的'教学内容'（教材内容）；课程目标要由课程内容支撑，课程内容要指向课程目标。"①又说，"语文课程目标，基本面是一个筹划的问题，即目标合宜与否、能否有效达成的问题。目标的合宜与否，首先关乎价值的选择与确认。价值的选择与确认，具有鲜明的民族性、时代性。其次，要兼顾多重价值主体。语文课程目标的价值选择，涉及国家、社会、学校、个人等多个'主体'。多个'主体'有多种'需要'，因而体现多重价值。再次，要在价值理想与现实可行之间寻求平衡。"②纵观清末民国这个时期语文课程目标的选择与确认，基本上是一个筹划的问题。课程目标认定之后，下一步就要依据课程目标来选择相应的课程内容。显然，课程目标与课程内容的关系是相辅相成的。这一章要研究的是清末民国时期语文课程标准的有关课程目标与教学内容板块的分析。

第一节　课程目标分析

"课程目标是一定的教育目的在课程领域的具体化，从一定意义上说，教育目的是通过具体的课程目标体现出来的。"③于语文学科来说，语文课程目标是从语文学科的课程视角来规定人才培养的具体规格和质量要求。由于清末民国时期是一个复杂且多变的时期，前面我们已

---

① 王荣生.1956年语文教学大纲述评[J].课程·教材·教法，2008（1）：89.
② 王荣生.求索与创生：语文教育理论实践的汇流[M].济南：山东教育出版社，2013：15-16.
③ 谢志明.高中新音乐课程目标的发展[J].现代中小学教育，2005（2）.

经提到，这一时期的语文课程标准的颁发次数的频繁是前所未有的。语文课程目标也随着课程标准的多次修订而不断调整。这说明，课程目标是因社会发展的变化而演变的，"它反映一定社会的政治、经济的要求，受一定社会生产力和科学文化水平及学生身心发展规律的制约"①。

从所收集的文献来看，我们可以清晰地看出清末民国时期语文课程标准课程目标的变化脉络。

一、清末语文课程标准的课程目标分析

（一）聚焦于语言文字的运用

从壬寅学制没有对语文学科单独的规定（其实是各科目标融合在各学堂章程"全学纲领"的第一条各学堂宗旨，各科目标的旨归在于德育）到癸卯学制语文单独设科之后对"读经讲经""中国文字"和"中国文学"分别冠以要义，癸卯学制时期的语文课程目标有着明显的"中体西用"特色，在继续维护儒家学说的同时，语文学科开始与生活实际联系起来，如《奏定初等小学堂章程》规定中国文字的要义：

在使识日用常见之字，解日用浅近之文理，以为听讲能领悟、读书能自解之助，并当使之以俗语叙事，及日用简短书信，以开他日自己作文之先路，供谋生之要需。②

使用"俗语叙事"以及实用文体，也是我国第一次在语文课程标准上提及对白话文（语体文）的学习，体现在语文学科的性质上，开始呈现"工具性"认识的萌芽。通过对"中国文字"的学习，为将来的谋生或生活提供准备，也是后来"为未来生活准备说"的最初源头。

高等小学"中国文学"要义：

其要义在使通四民常用之文理，解四民常用之词句，以备应世达意之用。……即教以作文之法，兼使学作日用浅近文字。篇幅宜短，总令学生胸中见解言语郁勃欲发，但以短篇不能尽意为憾，不以搜索枯窘为

---

① 王道俊，王汉澜. 教育学[M]. 北京：人民教育出版社，1999：155.
② 课程教材研究所. 20世纪中国中小学课程标准·教学大纲汇编（语文卷）[G]. 北京：人民教育出版社，2001：5.

苦。……并使习通行之官话，期于全国语言统一，民志因之团结。①

高等小学"中国文学"科的课程目标主要是通解普通（常用）语言文字，应世达意，最终落脚在学生写作能力的提高上，并且要求学习运用官话，语言统一。

中学"中国文学"要义：

入中学堂者年已渐长，文理略已明通，作文自不可缓。凡学为文之次第：一曰文义；……二曰文法；……三曰作文；以清真雅正为主：一忌用僻怪字，二忌用涩口句，三忌发狂妄议论，四忌袭用报馆陈言，五忌以空言敷衍成篇。②

中学"中国文学"科的课程目标是写作目标，并且对作文的要求进行了说明，总体来说，"清真雅正"，要求学生写出真情实感，切勿假大空。

从"中国文字""中国文学"等课程目标来看，在我国语文学科独立之初，语文学科的课程目标能够聚焦于语言文字的运用上，其意义不言自明。

（二）传承传统文化

"读经讲经"的要义：

其要义在授读经文，字数宜少，使儿童易记。讲解经文宜从浅显，使儿童易解，令圣贤正理深入人心，以端儿童知识初开之本。每日所授之经，必使成诵乃已。③

初等小学"读经讲经"的课程目标主要是"明经义、树人心"，侧重传统文化（主要是儒家文化）的传承与学生德育的启蒙。主要学习方法是诵读。对传统文化的传承这点在《奏定高等小学堂章程》"读经讲经"要义的规定中得到印证。如下：

---

① 课程教材研究所. 20世纪中国中小学课程标准·教学大纲汇编（语文卷）[G]. 北京：人民教育出版社，2001：9.
② 课程教材研究所. 20世纪中国中小学课程标准·教学大纲汇编（语文卷）[G]. 北京：人民教育出版社，2001：269.
③ 课程教材研究所. 20世纪中国中小学课程标准·教学大纲汇编（语文卷）[G]. 北京：人民教育出版社，2001：5.

其要义宜少读浅解。《诗》《书》《易》三经文义虽多有古奥之处，亦甚有明显易解之处，可讲其明显切用者，缓其深奥者以待将来入高等学堂再习。若少年不读此数经，以后更不愿意读，则此最古数经必将废绝矣。①

中学"读经讲经"要义：

学生年岁已长，故讲读《春秋左传》《周礼》两经，以备将来学成经世之用。②

从这个意义上看，"读经讲经"科在清末时的目标侧重于传统文化的传承与运用，这具有积极意义。因为作为中国人最明显的印记就是传统文化在我们民族性格中的显现。

二、民国时期语文课程标准的课程目标分析

（一）民国初年语文课程目标分析

民国初期壬子—癸丑学制颁布，这一时期的语文课程目标相比清末有了很大的进步，主要是共和精神及新的教育理念的融入。先看1912年小学语文课程标准的课程目标。

国文要旨，在使儿童学习普通语言文字，养成发表思想之能力，兼以启发其智德。③

中学国文课程目标：

国文要旨在通解普通语言文字，能自由发表思想，并略解高深文字，涵养文学之兴趣，兼以启发智德。④

---

① 课程教材研究所. 20 世纪中国中小学课程标准·教学大纲汇编（语文卷）[G]. 北京：人民教育出版社，2001：8.
② 课程教材研究所. 20 世纪中国中小学课程标准·教学大纲汇编（语文卷）[G]. 北京：人民教育出版社，2001：268.
③ 课程教材研究所. 20 世纪中国中小学课程标准·教学大纲汇编（语文卷）[G]. 北京：人民教育出版社，2001：11.
④ 课程教材研究所. 20 世纪中国中小学课程标准·教学大纲汇编（语文卷）[G]. 北京：人民教育出版社，2001：272.

无论是小学还是中学，语文课程目标都提出要学习和通解"普通语言文字"，并能"自由发表思想"，这在清末是不可能的，所谓"普通语言文字"，是区别于几千年不变的文言文，说明语文的实用性得到重视。"自由发表思想"则是体现资产阶级的自由思想，开关注学生个性发展之先河。这是知识与能力目标。"涵养文学之兴趣"则是我国语文课程标准第一次在课程目标中涉及文学教育，文学教育目标，也就是审美与文化目标。"兼以启发智德"，应该说，中小学各科都有培养学生智德的任务，对学生发展的关注及对其价值观的引导是语文教育的重要诉求。这是情感态度与价值观目标。总之，民国初期语文课程标准的课程目标主要特点是在语言训练的基础上进行审美教育、文化传承兼以启发智德的语文课程观。

（二）1923年语文课程目标分析

胡适曾批评民国初期语文课程目标，说"国文要旨"本身是"理想的"，在具体的实施过程，依然用的古人的话和古人的文字。1923年壬戌学制颁发，新学制课程标准制定，这一时期的语文课程标准的课程目标，相比壬子—癸丑时期的语文课程目标要丰富、实际得多，1923年颁发的语文课程标准在课程目标上大体沿用民国初期的理念，但是改"国文"为"国语"，正式把口语教学纳入语文教学的内容，加上对语体文的重视，白话文从此在语文教育中拥有合法的地位。小学的语文课程目标如下。

练习运用通常的语言文字，引起读书趣味，养成发表能力，并涵养性情，启发想象力及思想力。

初级中学语文课程目标：

使学生有自由发表思想的能力；使学生能看平易的古书；引起学生研究中国文学的兴趣。[①]

高级中学（公共必修）语文课程目标：

---

① 课程教材研究所. 20世纪中国中小学课程标准·教学大纲汇编（语文卷）[G]. 北京：人民教育出版社，2001：274.

培养欣赏中国文学名著的能力;增加使用古书的能力;继续发展语体文的技术。继续练习用文言作文。①

从上述我们可以看出,在文化目标上,要求学生"看平易古书的能力"及"练习用文言作文"是保留传统文化的一种努力,毕竟改革并不是推倒过去的一切,而是建立在过去的基础上。在文学教育目标上,培养学生"研究中国文学的兴趣"和"欣赏中国文学名著的能力",相比民国初期,文学教育的内容丰富了,要求提高了。尤其是区分了国语文学和古文学,是我国第一次正式地以文言文、白话文来区分中国文学,这是一大进步。更为重要的是,这一时期的语文课程目标开始对学生思维能力的培养有了明确的规定,如"启发想象力及思想力"。

总的来说,1923年颁发的语文课程标准对语文课程目标的界定,有几个明显的特点:一是对小学国语目标对口语的重视或话法教学的出现;二是文学教育的层次和内容有了拓展;三是白话文或语体文在语文教学中取得合法地位,语体文教学成为语文教学的主体,除了练习写文言作文,还加强练习语体文的技术;四是在高中开展整本书阅读,培养学生欣赏整部名著的能力;五是重视对学生学习兴趣、习惯的培养。

(三)国民政府时期语文课程目标分析

1. 1929年语文课程目标分析

小学语文课程目标:

练习运用本国的标准语,以为表情达意的工具,以期全国语言相通;学习平易的语体文,以增长经验,养成透彻迅速扼要等阅读儿童图书的能力;欣赏相当的儿童文学,以扩充想象,启发思想,涵养感情,并增长阅读儿童图书的兴趣;运用平易的口语和语体文,以传达思想,表现感情,而使别人了解;练习书写,以达于正确清楚匀称和迅速的程度。②

---

① 课程教材研究所. 20世纪中国中小学课程标准·教学大纲汇编(语文卷)[G]. 北京:人民教育出版社,2001:277.
② 课程教材研究所. 20世纪中国中小学课程标准·教学大纲汇编(语文卷)[G]. 北京:人民教育出版社,2001:16.

初级中学语文课程目标：

养成运用语体文及语言充畅地叙说事理及表达情意的技能；养成了解平易的文言书报的能力；养成阅读书报的习惯和欣赏文艺的兴趣。①

高级中学语文课程目标：

继续养成学生运用语体文正确周密隽妙地叙说事理及表达情意的技能，并依学生的资性及兴趣，酌量兼使有运用文言作文的能力；继续培养学生读解古书的能力；继续培养学生欣赏中国文学名著的能力。②

1929年的语文课程标准确定的课程目标与1923年新学制课程纲要确定的语文课程目标相比，有几点显著进步：第一，尤其小学语文课程标准的表述，国语是"表情达意的工具"。运用语言，表达感情，传达思想，国语是工具性与人文性以及内容与形式的统一。第二，将国语统一明确地写在课程目标里，是继改"国文"为"国语"之后的又一大进步。第三，口语表达的训练首次被明确地列入语文课程目标，突破了书面语教学的疆域。语文的学习不再是科举制度的附庸，而是关乎学生自身的发展以及生活实际。第四，文言文的学习标准降低，从练习文言作文到酌量使用文言作文，从使用古书到读解古书，要求能看懂文言书报，可以看出文言文学习的实际功用增强了。第五，对书写的要求首次在语文课程目标中确定，书法一直是我国语文教育最具特色的一部分，也是汉语言文字的主要特点之一。第六，对语体文或白话文的要求越来越高，以提高学生用语体文"正确周密隽妙地叙说事理及表达情意的能力"为主要教学目的，在原有的培养学生欣赏中国文学名著兴趣的基础上，还要养成学生阅读书报的习惯。

综上，1904—1929年语文课程标准中的课程目标具有以下特点：一是课程目标的构成要素主要集中在四个方面，即双基目标（知识与能力）、文化目标、情感目标、文学教育目标，总体来说，聚焦于语言文字运用的培养上。二是并没有直接对语文课程的性质进行界定，但

---

① 课程教材研究所. 20世纪中国中小学课程标准·教学大纲汇编（语文卷）[G]. 北京：人民教育出版社，2001：282.
② 课程教材研究所. 20世纪中国中小学课程标准·教学大纲汇编（语文卷）[G]. 北京：人民教育出版社，2001：286.

是通过对这段时期的课程目标的分析可以看出，工具性与人文性都涵盖，且是内容与形式的统一。

2. 1932—1948 年语文课程目标分析

从对 1932—1948 年语文课程标准中的课程目标的梳理分析来看，语文课程目标除了保持培养"语言文字的运用""思维能力""文化目标"外，各个时期还增加了其他目标要求。这说明语文课程目标的确定，是一个筹划问题，主要是政府层面的筹划，除保持语文课程特有的性质外，还和当时的政治经济发展及国家地位有关，目标的确定，关乎当时价值的选择与确认。

1932—1948 年语文课程目标的变化情况，具体见表 5.1。

表 5.1　1932—1948 年语文课程标准课程目标的演变一览表

年份	小　学	初　中	高　中
1932	指导儿童练习运用国语，养成正确的听力和发表力；指导儿童学习平易的语体文，并欣赏儿童文学，以培养其阅读的能力和兴趣；指导儿童练习作文，以养成其发表情意的能力；指导儿童练习写字，以养成其正确、敏捷的书写能力	使学生从本国语言文字上，了解固有的文化，以培养其民族精神；养成用语体文及语言叙事说理表情达意之技能；养成了解平易的文言文之能力；养成阅读书籍之习惯与欣赏文艺之兴趣	使学生能应用本国语言文字，深切了解固有的文化，以期达到民族振兴之目的；除继续使学生能自由运用语体文外，并养成其用文言文叙事说理表情达意之技能；培养学生读解古书，欣赏中国文学名著之能力；培养学生创造新语新文学之能力
1936	相比 1932 年，增加"熟谙国语的语气语调和拟势作用"；"指导儿童由环境事物和当前的活动，认识基本文字，获得自动读书的基本能力"；指导儿童从阅读有关国家民族等的文艺中，激发其救国求生存的意识和情绪；指导儿童体会字句的用法，篇章的结构，实用文的格式，习作普通文和实用文；指导儿童习写范字和应用文字	增加"使学生从代表民族人物之传记及其作品中，唤起民族意识并发扬民族精神"，其他与 1932 年基本一致	增强民族意识，其他与 1932 年一致

· 68 ·

续表

年份	小 学	初 中	高 中
1940		与1936年一致	增加"陶冶学生文学上创作之能力",其他与1936年一致
1941	增加运用文字,养成其理解的能力和习写文字的过程中养成审美的观念,以及培养儿童修己善群爱护国家民族的意识和情绪	与1936年一致	与1940年一致
1948	与1932年基本一致	增加"唤起爱国思想",其他与1936年一致	提高阅读速率及了解力;熟练应用语体文及明易文言文表达情意能作切合生活上最需要应用最广之文字;培养阅读古籍之兴趣与能力;从民族辉煌事迹有助于国际了解之优美文字中唤起爱国家爱民族意识,发扬大同精神

由表 5.1 可以看出,从 1932 年到 1948 年多次颁发的语文课程标准,其课程目标大致相同,但是也有几个不同之处:第一,新增政治目标,从 1932 年颁发的语文课程标准起,语文课程目标都加上"了解固有文化,增强民族意识""爱国家爱民族意识,发扬大同精神"等,这是在外敌加紧入侵中国的情况下,加强国家民族意识教育的产物,也是对学生进行人文熏陶的任务。第二,对说话能力的培养,从笼统地要求熟练使用国语到对口语的语音、语调、语速方面要求的具体化。第三,小学只学习语体文,初中侧重语体文,文言文只要求看懂平易文言报刊,高中阶段文白兼教,要求写文言作文,但不再排斥白话文的写作训练。第四,对学生语文自学能力的培养日益重视。第五,小学阶段除了写叙事文外,还重视实用文的练习。

总的来看,清末民国时期语文课程标准对语文课程目标的阐述有以下几个特点:

第一，强调对语言文字运用能力的培养，注重言文一致，提倡自由发表思想及情意。

第二，重视文学教育。先从"涵养文学之兴趣"，再到要求能欣赏文学作品及创造国语文学作品，对文学教学的要求及认识越来越深化及提高。

第三，课程目标设计的普遍性和特殊性的统一。普遍性体现在课程目标具有"全民性"，针对所有的学生；特殊性体现在语文课程目标对特殊学生的关注。强调这一点主要是针对当时语文教育"一刀切"的现象。

第四，对传统文化、固有文化传承的重视。虽然当时的语文教学以白话文教学为主，但是学好白话文也不能脱离其源头，应该说，发展到后来，语文课程标准对文言文和白话文的教学要求及比重逐渐有一个明确和稳定的认识。

第五，课程目标是以学生为本位的。小学语文课程目标重在培养学生对语文学习的兴趣、习惯以及良好的语文学习方法的养成，包含对公民意识及生活习惯的培养以及对儿童文学的重视。中学语文课程目标重在培养学生的语文能力及研究意识的启蒙，激发学生的创造力及思维能力。

第二节 教学内容板块分析

在具体分析清末民国时期语文课程标准规定的语文教学内容之前，我们先来梳理一下清末民国时期语文课程标准中语文教学内容板块的变化脉络，具体见表5.2。

表5.2 清末民国时期语文课程标准中语文教学内容板块变化一览表

年份	课程标准名称	教学内容板块
1902	《钦定蒙学堂章程（摘录）》	字课、习字、读经
	《钦定小学堂章程（摘录）》	读经、作文、习字、读古文词
	《钦定中学堂章程（摘录）》	读经、辞章
1904	《奏定初等小学堂章程（摘录）》	读经讲经、中国文字

第五章 清末民国时期语文课程标准的课程目标与教学内容板块分析

续表

年份	课程标准名称	教学内容板块
1904	《奏定高等小学堂章程（摘录）》	读经讲经、中国文学
	《奏定中学堂章程（摘录）》	读经讲经、中国文学
1909	《学部奏变通中学堂课程分为文科、实科折（摘录）》	读经讲经，中国文学（读文、作文、习字）
1912	《教育部订定小学校教则及课程表（摘录）》	读法、书法、作法、练习语言
	《教育部公布中学校令施行规则（摘录）》	近世文、近古文、文字源流、文法、文学史、实用文、习字
1913	《中学校课程标准（摘录）》	讲读、作文、习字、文字源流、文法要略、中国文学史
1916	《国民学校令施行细则（摘录）》	读经、读法、书法、作法、练习语言
1923	《新学制课程标准纲要小学国语课程纲要》	语言、读文、作文、写字
	《新学制课程标准纲要初级中学国语课程纲要》	读书、作文、习字
	《新学制课程标准纲要高级中学公共必修的国语课程纲要》	读书（精读、略读）、文法、作文
	《高级中学第一组必修的特设国文课程纲要（一）文字学引论》	文字学
	《高级中学第一组必修的特设国文课程纲要（二）中国文学史引论》	中国文学史
1929	《小学课程暂行标准小学国语》	说话、读书、作文、写字
	《初级中学国文暂行课程标准》	阅读（精读、略读）、习作（作文、口语、书法）
1932	《小学课程标准国语》	说话、读书、作文、写字
	《初级中学国文课程标准》	阅读（精读、略读）、习作（文章作法、作文练习、口语练习、书法练习）
	《高级中学国文课程标准》	阅读（选文精读、专书精读、略读）、习作（文章作法、作文练习）
1936	《小学国语课程标准》	说话、读书、作文、写字
	《初级中学国文课程标准》	精读、略读、文章法则、作文练习（作文方法、习作、口语练习、书法练习）
	《高级中学国文课程标准》	阅读（选文精读、专书精读、略读）、习作（文章法则、作文练习）

续表

年份	课程标准名称	教学内容板块
1940	《修正初级中学国文课程标准》	精读、略读、书法指导、文章法则、作文练习（作文方法、作文、口语练习）
	《修正高级中学国文课程标准》	阅读（选文精读、专书精读、略读）、习作（文章法则、作文练习）
1941	《小学国语科课程标准》	说话、读书、作文、写字
	《六年制中学国文课程标准草案》	精读、略读指导、研究、习作
1948	《国语课程标准》	说话、读书、作文、写字
	《修订初级中学国文课程标准》	阅读、精读、作文练习
	《修订高级中学国文课程标准》	阅读、精读、作文练习

（根据课程研究所编《20世纪中国中小学课程标准·语文卷》，人民教育出版社2001年版所提供资料整理制定）

  从表5.2中可以看出，清末到民国初期，语文教学内容板块的变化很大，且有些内容是大学才开设的。教学内容变化大说明年轻学科的现代化正处在摸索的过程中，其教学内容的不稳定性也是固然的。1923年的语文课程标准对语文教学内容板块的划分开始显现科学性，可以说，1923年语文课程标准对语文教学内容的划分起着承前启后的作用，发挥不可或缺的过渡性作用。如小学国语的教学内容板块分为四大块，"语言、读文、作文、习字"。在中学开始把阅读分为精读和略读，且第一次把文法和文学史纳入语文教学内容。通过表5.2我们发现，从1929年到1948年的语文课程标准，对中学语文、小学语文教学内容的划分已经固定下来，呈现出当时人们对语文学科认识的成熟及稳定，如小学国语的教学内容从1929年到1948年就一直都是"说话、读书、作文、写字"四大板块，中学国文一直都是"精读、略读、习作"三大板块，当然还包括文章法则、口语练习及书法练习，这些内容都是涵盖在三大板块的内容之中。总的来说，语文学科的听、说、读、写四大内容在清末民国时期就已经形成，并显示出它的成熟性及稳定性。另外，从表5.2中还可以看出，阅读的比重从小学到高中逐渐加大，到高中已是以阅读为中心来开展教学。

第六章 清末民国时期语文课程标准的教学内容分析

第一节 阅读教学内容分析

阅读是中小学语文学习的重要内容，阅读能力是语文教学所要培养的重要目标。《义务教育语文课程标准（2011年版）》中提到，"阅读是运用语言文字获取信息、认识世界、发展思维、获得审美体验的重要途径。阅读教学是学生、教师、教科书编者、文本之间对话的过程。"[①]这一结论是历经百年的反反复复实践才形成的。但是我们在仔细研究清末民国时期的语文课程标准后发现，语文新课程标准并不"新"，而是得到了较多的启发。下面梳理清末民国时期语文课程标准中阅读教学内容并对其进行分析。

一、小学阅读教学内容与要求分析

（一）清末小学阅读教学内容与要求分析

关于小学阅读教学内容，壬寅学制规定，读经（《诗经》《礼记》《尔雅》《春秋·左传》《公羊传》《谷梁传》）和读古文词（记事之文、说理之文、辞赋诗歌）。癸卯学制规定，初等小学阅读教学内容主要包括"读经讲经""中国文学"以及对古诗歌读法的要求。"读经"主要学习《孝经》《四书》《礼记》节本，要求字数宜少，教授浅显之文，且令其成诵而已，"讲经"则要求"先明章指，次释文义，务须平正明显切于实用，勿令学童苦其繁难；其详略深浅视学生之年岁程度。尤其不可

[①] 教育部制定. 义务教育语文课程标准（2011年版）[S]. 北京：北京师范大学出版社，2012：22.

务新好奇，创为异说致启驳杂支离之弊"①。初等小学五年应读十万零一千八百字。高等小学"读经讲经"的教学内容为《诗经》《书经》《易经》及《仪礼》之一篇。高等小学四年应共读十一万五千二百字。"中国文学"的主要教学内容是：读古文，使以俗话翻文话写于纸上。而对古诗歌的读法，癸卯学制对中小学堂的规定是一样的，因此在描述中学语文教学内容时不再复述，如下：

中小学堂读古诗歌法（与中学堂互见）

初等小学堂读古诗歌，须择古歌谣及古人五言绝句之理正词婉、能感发人者；惟只可读三四五言，句法万不可长，每首字数尤不可多；遇闲暇放学时即令其吟诵，以养其性情，且舒其肺气。但万不可读律诗。

高等小学堂中学堂读古诗歌五七言均可，高等小学堂仍宜短篇，中学堂篇幅长短不拘；亦须择其词旨雅正而音节谐和者，其有益于学生与小学同，但万不可读律诗。学堂内万不宜作诗，以免多占时刻；诵读既多，必然能作，遏之不可，不待教也。

小学中学所读之诗歌，可相学生之年齿，选取通行之《古诗源》《古谣谚》二书，并郭茂倩《乐府诗集》中之雅正铿锵者（其轻佻不庄者勿读），及李白、孟郊、白居易、张籍、杨维桢、李东阳、尤侗诸人之乐府，暨其他名家集中之乐府有益风化者读之。又如唐宋人之七言绝句词义兼美者，皆协律可歌，亦可授读，皆有合于古人诗言志、律和声之旨，即可通于外国学堂唱歌作乐、和性忘劳之用。②

通过对《中小学堂读古诗歌法（与中学堂互见）》的分析，我们可以发现，在我国语文学科开始单独设科之际，语文课程标准形态开始萌芽之时，所规定的阅读教学内容带有浓厚的传统语文教育色彩，要求"读经""读古文"仍然与当时科举制度相联系。读古诗歌的目的在于有益风化，这是我国几千年来诗教的唯一宗旨，但是仍然有其鲜明的特点：第一，关注到学生之间年龄的差异。当然，这是传统语文教

---

① 课程教材研究所. 20 世纪中国中小学课程标准·教学大纲汇编（语文卷）[G]. 北京：人民教育出版社，2001：5.
② 课程教材研究所. 20 世纪中国中小学课程标准·教学大纲汇编（语文卷）[G]. 北京：人民教育出版社，2001：6-7.

育一直都强调的一点。古诗歌学习材料的选择就很注意学生的兴趣以及差异性,"小学中学所教之诗歌,可相学生之年齿",从《古诗源》《古谣谚》《乐府诗集》及后来的李白、白居易等诗人中选择。具体到小学、中学,如初等小学要求选择能感发人和"理正词婉"的古歌谣及五言绝句,但不能选择律诗。高等小学要求选择五言和七言诗,仍然以短篇为主。中学则"长短不拘",选择风格雅正音律和谐的诗词学习,同样不能读律诗。同时对每首诗词的长度字数都有要求,不能太长,字数也不能太多,联系今天的中小学语文教材尤其小学语文教材中所遴选的古诗歌,大都是短而精的作品,易于学生学习和背诵。第二,重视吟诵和诵读。如提到"遇闲暇放学时,即令其吟诵以养其性情,且舒其肺气"①。吟诵诗歌能培养学生良好的性情,也能锻炼学生说话的能力。可以看出,诗歌的学习不仅仅局限于课堂,应重视课外的学习。第三,课堂教学内容不提倡作诗,以免浪费课堂教学时间,提倡多诵读,"诵读既多,必然能作",这对今天的诗歌教学有一定的借鉴价值,重新让我们思考诗歌课堂教学的重点及方向。第四,俗话第一次出现在语文教学内容之中,尽管只是要求用俗话翻译文话。第五,不允许教师及学生有新奇、创新的观点。这点在"读经讲经"中表现明显,这是传统语文教育发展到当时的一个最严重的弊端。第六,文学教育第一次出现在语文课程标准之中,尽管只是对古诗歌的学习。但其要求多读乐府诗以及根据学生之年龄来规定中小学堂所学古诗歌的内容,尤其学习诗歌贵在诵读,这些对我们今天的语文教学有一定的借鉴意义。

在教学方法上,癸卯学制对初等小学堂和高等小学堂提出的教学要点是一样的。第一,善于使用启发式的教学方法。如提到"凡教授儿童,须尽其循循善诱之法,不宜操切以伤其身体,尤须晓以知耻之义"。第二,选择恰当的处罚措施,反对体罚学生。如提到"夏楚万不可用,有过只可罚以植立,禁假、禁出游、罚去体面诸事亦足示儆"。学生若有过错,可采取罚站、取消假期、禁止出游等方式来惩戒。第三,重视教师讲解的作用,反对过度背诵。"若强责背诵,必伤脑力,

---

① 课程教材研究所.1904年奏定初等小学堂章程(摘录)[G].北京:人民教育出版社,2001:9-10.

不可不慎。"[1]这些教学要点对于语文阅读教学的指导同样是明显的，从中可以看出，清末语文阅读教学方法主要是讲解和背诵。如读经讲经科规定每周每日读多少字。这也是传统语文教育中最古老也是最优秀的经验。

在教学评价上，强调考核学生的综合素质，比如，结合平时成绩综合考核。如初等小学规定，"凡修毕初等小学五年课程者，其合格与否，可无须别用试验，但由堂长教员会同考察儿童平素之成绩定之，给以毕业凭单。"[2]

（二）民初小学阅读教学内容与要求分析

民国初期，壬子—癸丑学制颁布，废除了读经科，改"中国文学"为"国文"，1912年《小学校教则及课程表》中规定小学语文阅读教学内容为读法，内容选取原则是从简单文字到日用文章，再到普通文。"读本文章，宜取平易切用可为模范者，其材料就修身、历史、地理、理科及其他生活必需事项择其富有趣味者用之。女子所用读本宜加入家事要项。"[3]1916年袁世凯在教育上搞复辟，在颁发的《国民学校令施行细则》中增加读经，要求和《奏定学堂章程》规定一样，后被删除，其中规定的国文科的阅读教学内容和1912年《小学校教则及课程表》中规定的一样。从这里我们可以知道，民国初期语文课程标准对语文阅读教学内容的固定过于简单、笼统，但也有其鲜明的特点。首先，注意到阅读材料的选择要有利于学生的写作，以便用于模范，且阅读教材的选择要根据学生的兴趣和生活所需来使用。其次，关注到女子的语文学习且初步注意到性别教育。如女子所用读本要加入家事要项。

1923年壬戌学制颁发，相应地制定了小学语文课程标准。在《新学制课程标准纲要小学国语课程纲要》中涉及阅读教学内容的板块是

---

[1] 课程教材研究所. 20世纪中国中小学课程标准·教学大纲汇编（语文卷）[G]. 北京：人民教育出版社，2001：10.

[2] 课程教材研究所. 20世纪中国中小学课程标准·教学大纲汇编（语文卷）[G]. 北京：人民教育出版社，2001：7.

[3] 课程教材研究所. 20世纪中国中小学课程标准·教学大纲汇编（语文卷）[G]. 北京：人民教育出版社，2001：11.

"程序"和"方法","程序"主要规定了各个学年的课程内容,"方法"主要是教学方法要点,毕业最低限度的标准主要是各个阶段要达到的教学标准。

从 1923 年语文课程标准规定阅读教学内容来看,相比清末民国初期的教学内容要完善和系统得多,有分学年的阅读目标及内容标准,还有阅读教学方法的建议以及毕业最低限度的标准。这也是我国语文课程标准中第一次有相对明确的分学年阐述的内容标准。所谓内容标准,是课程标准框架中重要的一部分,指根据课程目标,结合具体的课程内容,用尽可能清晰的行为动词所阐述的目标。通过分析,我们发现 1923 语文课程标准的阅读教学内容有以下几个特点:第一,儿童文学在小学语文教学中占有重要地位。多选取贴近儿童生活的文章体裁,注重培养学生的阅读兴趣。如"第三学年:童话,传记,剧本,儿歌,谜语,故事,诗,杂歌等的诵习。"①第二,注重教给学生阅读的方法。如指导学生检查字典的方法和阅读普通的日报及参考图书。如第四学年,"加授检查字典的方法,并指导阅儿童报和参考图书"。如第六学年,"注重指导阅报和参考图书。注重指导阅读普通的日报"。第三,小学语文阅读内容主要是语体文的学习,到第六学年才学习浅易文言的诗文。对语体文学习比重的大大增加,是白话文运动和国语统一运动的主要成果。如提出初级小学"读语体的儿童文学等书八册。(以每年二册计,每册平均四五千字)能用字典看含生字百分之五的语体的儿童书报"。第四,在阅读方法上,注重诵读、欣赏及表演。这也是适合小学生的年龄特征的。第五,在教学设计上,注重整体、联络的教学方法。采用读写合并教学。"前三年读文与作文写字合并教学;并与他科联络设计。后三年注重自学辅导。"第六,注重学生自学能力的培养。在小学的后三年注重自学辅导。第七,在识字上,第一次明确提出初级和高级的识字数量及阅读书籍的数量。如初级,"识最普通的文字二千个左右,并能使用注音字母"。高级,"识字累积至三千五百个左右"。第八,阅读教学内容的要求具有层次性,难度递进。在毕

---

① 课程教材研究所. 20 世纪中国中小学课程标准·教学大纲汇编(语文卷)[G]. 北京:人民教育出版社,2001:13-14.

业最低限度标准上,是我国语文课程标准第一次明确地提出语文学习的评价标准。所谓最低限度标准,是指学生语文学习要达到的底线。总体来看,阅读教学的内容、方法及所要达到的目标都与学生的实际生活息息相关,受杜威实用主义教育的影响很大。

(三)国民政府时期小学阅读教学内容与要求分析

1929年到1948年颁发的小学语文课程标准中关于阅读教学内容及方法的规定大致相同,这也是语文课程标准在这一时期逐渐成形、完善的体现。尽管这期间多次修订语文课程标准,但主要的内容还是呈现出一定的稳定性。首先阐述这一时期阅读目标及注意事项的变化。1929年和1932年的小学语文课程标准规定的阅读注意事项是一样的,它们都把阅读(课程标准叫"读书")分为精读和略读,"精读,选取适当的教材指导儿童阅读深究或熟读,使儿童欣赏理解,或由理解而记忆。重在质的精审。略读,选取适当的教材或补充读物,限定时间,指导儿童阅读,再由教员分别考查,并与儿童互相讨论。重在量的增加。"1936年则增加"习见文字、注音符号、标点符号等基本工具的熟习和运用"。并说明不同文体的教学侧重点,"想象性的普通文、实用文、诗歌等的欣赏、理解。现实的普通文、实用文等的精读和略读。"1941年和1948年的小学语文课程标准虽没有明确规定阅读目标,但是已融入阅读教学内容标准。将阅读分为精读和略读,有点类似今天语文学习中的精读课文和略读课文的学习。那么这一时期的小学语文阅读教学内容主要有哪些呢?这里以1936年《小学国语课程标准》为例。如第一、二学年,有故事讲述和欣赏,富于想象力和德育价值的童话、寓言等儿童文学的欣赏、演习或吟咏,也有和生活相关的实用文体书信等的学习和运用,以及课外阅读的要求和标点符号的学习。再如第五、六学年课程的内容有:和儿童生活相关及有助于学生德育的各种体裁的儿童文学作品,学习的方法重在"欣赏、演习、理解或吟咏"[1];简易的实用文如书信布告的学习;教会学生阅读儿童书籍及课外阅读

---

[1] 课程教材研究所. 20世纪中国中小学课程标准·教学大纲汇编(语文卷)[G]. 北京:人民教育出版社,2001:31.

的要求等。从中我们可以看出,第一,儿童文学在小学阅读教学中占有非常重要的地位,对于我们今天小学语文教材选文比重有一定借鉴意义。选文应以儿童文学为主体。第二,重视阅读学习方法的指导和良好学习习惯的养成,如重视吟诵、培养学生欣赏的能力,教会学生查字典等。第三,重视课外阅读,教师要教会学生选择课外读物,通过课堂教学培养学生自主阅读的能力。第四,小学阅读教学中重视教师对文本解读的正确引导,不仅培养学生的阅读能力,还引导学生养成良好的性情。

1929年到1948年这一时期的语文课程标准是在1923的基础上有所增益的,在内容上更加完备,同时也有其特点。首先,小学阅读教学内容第一次划分为精读和略读。精读主要是课内的阅读学习,略读一般是课外读物的指导和讨论,这样就印证了"语文学习的外延和生活的外延相等"这句话,是一种大语文教育观。就语文教学而言,精读是主体,略读是补充;但就效果而言,精读是准备,略读才是应用。略读既是内容,也是方法。从某种意义上讲,略读类似于语文新课程标准中提出的名著导读,但是民国时期的语文课程标准无论是在方法上,还是在内容上,都要比语文新课程标准详细得多。其次,重视语言训练。如对重要词句和单字、词句的熟习运用。最后,标点符号和注音符号首次纳入小学语文教学内容,为提升语文学习的效率提供了条件。

1929年的《小学课程暂行标准小学国语》在"各学年作业要项"中规定阅读教学内容时,在附注中对文章体裁进行了一个说明,如"童话包括物话神话"。1932年的《小学课程标准国语》在"各学年作业要项"中规定阅读教学内容时,列了"普通文实用文的阅读和法式的理解"一条,1929年课程标准将其放在作文教学的内容里。所谓普通文,是记叙文、说明文、议论文的总称,或称"通用文"。实用文为书信布告的总称,或称"特用文"。1941年的《小学国语科课程标准》在"教材纲要"板块中规定初级各学年教材形式,也就是阅读教学内容时,加入文法或语法学习的内容。这次的课程标准也专门以附件的形式列"文法的组织",也是我国第一次把文法知识列入语文课程标准。如它对第三学年规定的阅读教学内容:继续第一、二学年各式单句;省略组织的对话、祈使、自叙等的单句；简易的等列、主从等的复句。此外，还规定了初高级各学年教材内容范围，初级各学年教材内容范围（前四个学年，每学年都单独列出，这点和以前两个学年一个教学内容又有所不同）主要有关于个人生活、学校生活、家庭生活、乡土生活、民族国家和世界人类等六个方面的内容。高级各学年教材内容范围（后两个学年）主要有关于公民、历史、地理、自然等四个方面的内容。实际上这些内容是将1936年小学国语课程标准所规定的阅读教学内容进行了细化和分类。前面我们提到过，1941年颁发的语文课程标准只在少数学校试验过，并没有在全国推行。但是对阅读教学内容进行细化和标准化是一个积极的尝试和探索。尤其所规定的内容范围大抵和学生的实际生活及未来生活息息相关，并对学生进行道德、民族国家情感和价值观的培养。下面列举初级各学年教材中"关于个人生活的"内容范围：

第一学年：一、有关人体耳、目、口、鼻等部位功能的。二、有关坐、立、行姿势和人体清洁等的。三、有关天花现象和种痘方法等的。

第二学年：一、有关人体耳、目、口、鼻的保健的。二、有关衣、食、住、行的卫生的。三、有关砂眼和皮肤病的预防的。

第三学年：一、有关肌肉、骨骼和消化器、呼吸器等的保健的。二、有关工作、游戏、休息、睡眠和卫生等的。三、有关保持精神健康方法的。四、有关感冒、疟疾的病象和预防的。五、有关普通疾病的看护和创伤的急救方法的。第四学年：一、有关循环器、排泄器和脑的保健等的。二、有关日光和空气的。三、有关霍乱、痢疾的病象和预防的。四、有关传染病和消毒等的。①

如果不是从语文课程标准中看到，难以想象这是语文教材的内容范围之一，甚至会误认为是卫生保健课。其实，对良好生活习惯养成的引导也是语文教学的重要诉求。表面上看是对学生良好的生活习惯的培养，其实也是对学生个人修养、礼仪甚至是价值观正确引导的潜移默化。当然，也存在忽视语文学科的特殊性，重在诵读和感悟，这

---

① 课程教材研究所. 20世纪中国中小学课程标准·教学大纲汇编（语文卷）[G]. 北京：人民教育出版社，2001：42.

也可能是在后来的修订过程中把这些内容范围删去的原因之一。但在1948年颁布的国语课程标准中,则简化了1941年课程标准的内容,其规定的阅读教学内容和1941年的相同,但删去了各学年教材的内容范围。

在阅读教学要求方面,有以下三个层次。

第一层次是总的教学要求。这里以1941年小学国语科课程标准中的为例,虽然未在全国推行,但是其对阅读教学的建议涵盖了1929年到1936年之间的成果。如下:

(1)初级国语与常识混合编制,教学时,宜从常识入手,其教学过程略举如下:① 常识。从儿童生活环境内的日常生活事物获取知识,并可提示代表事物名称的重要文字。② 读书。读书教材的欣赏、诵读、理解、体味、表演及应用。③ 综合练习。低年级用卡片(卡片大约三公寸长,两公寸宽,上写一字或一词)等练习生字、新词(包括常识科的重要文字)。

(2)国音注音符号,在可能范围内,应比文字先教,教学时应注意下列各点:① 从用注音符号写成的完整语句入手,等到语句熟习了,而且读得多了,再分析辨认各个符号的音和形;不得开始就教各个符号的音和形。② 辨音时,不必过于注意四声。但开、齐、合、撮的口腔必须注意。③ 应领导儿童多练习,多写。④ 应用符号编座位号次和笔记簿号码等。⑤ 教学时应多用教具。

(3)读书教学须先全体的概览而后局部的分析,先内容的吸取而后形式的探求,先理解而后记忆。课文中主要文字所含的部首音系,亦须随机指导儿童辨认。

(4)读书教学的顺序大要如下:① 概览全文。② 试述大意。③ 了解内容。④ 提出生字新词和难解语句,逐个解释明白。⑤ 阅读报习。⑥ 摘要表述(即写纲领、作报告或笔记心得等)。

(5)文艺教材的教学,须多方补充想象,并随机设计表演,须将内容情景显露无遗,使儿童能充分的欣赏。

(6)实用文教材的教学,须注意格式行款及文字的特殊组织,使儿童充分了解。

（7）朗读和默读的分配，低年级朗读多于默读，中年级朗读、默读各半，高年级默读应较朗读为多。教学朗读时，宜注意发音和语调，教学默读时，宜训练儿童读得正确、迅速（养成有规律的眼动、免除暗发喉音，注音阅读时间的减缩……）而扼要（即提纲絜领，如划分段落、寻求要点等）。

（8）文字的记忆，应用卡片反复练习，或视写、听写、默写等，不得多责儿童背诵全文。

（9）自二年级起，须视相当机会约略指点文字构成的意义（例如"吃"从口，"烧"从火之类），以减少儿童书写时的错误。遇有需要时，并应指导简单文法，以增进儿童阅读和发表的能力。

（10）略读的图书，须欣赏的、实用的、参考的三项并重。但依年级而异其分量。除课内指导外，应督励儿童课外阅读，并作读书报告。

（11）课外阅读的补充读物，须与课内读书教材相应，或有补助的关系，并须同样考核成绩。

（12）自四年级起，应指导儿童练习读书札记。

（13）文法的指导，低中年级在需要时指出，高年级得在每课教学以后提出；并须用归纳的过程，比较研究。

（14）各种工具书籍的应用，应自中年级开始指导，中年级以上的儿童，至少每人准备字典一本，如能兼备词典更好。①

从上述可以看出，语文学科从单独设科到历经半个世纪的发展，无论是教学内容还是教学方法都逐渐完善。小学语文阅读教学方法建议主要有以下几个特点：第一，识字、常识的学习融入阅读教学。如初级国语与常识混合编制。且根据汉字的特点来教会学生书写。如指导文字构成的意义及文法的作用。第二，对生字、新词的学习重视注音符号和教具（如卡片）的作用。第三，阅读教学重在"整体感知"，如"读书教学须先全体的概览而后局部的分析，先内容的吸取而后形

---

① 课程教材研究所. 20 世纪中国中小学课程标准·教学大纲汇编（语文卷）[G]. 北京：人民教育出版社，2001：55-56.

式的探求,先理解而后记忆"。在提出阅读教学要重视整体感知的同时,也区别了文艺教材和实用文教材教学的区别。文艺教材重在欣赏、表演、想象,实用文教材注重格式规范及严谨性。第四,首次提出阅读教学程序的建议,提出阅读教学程序,并不是限定教师一定要按此程序来实施阅读教学,而是留有余地给教师在此基础上发挥。第五,重视朗读和默读的作用,且各自的比重在低中高年级各有区别。第六,课内阅读和课外阅读的结合,是这一时期阅读教学的一大亮点。第七,重视读书报告和札记在阅读教学中的作用。总的来讲,小学阅读教学极其重视语言训练,并在此基础上培养学生的阅读兴趣、习惯及方法。

第二层次是从文体和教学内容的角度提出教学要求。以1941年小学语文课程标准为例,如下:

读书类各种记叙文注重欣赏、阅读、研究、学习和表演;各种韵文注重欣赏和吟咏;各种实用文和说明文、议论文注重阅读和理解;话剧(剧本)注重阅读、欣赏和表演;篇章结构和重要词句的修辞、语法、各种句式注重熟习和运用;字和词注重认识和运用;国音注音符号和标点符号注重认识和运用;浅易的儿童图书(各种儿童图书、儿童杂志、儿童报等)注重课外阅读;字典和辞书注重练习使用。[①]

从上述可以看出,各种不同的文体和教学内容的教学要求不一样。教学需从文体和教学内容出发,确定教学内容和方法。比如,韵文(儿歌、民歌、杂歌、谜语、新体诗、旧体诗)注重欣赏和吟咏。这和当下的古诗词教学动不动就翻译形成鲜明对比。

第三层次是从总的教学原则来说明。大致要求:小学低年级(1~2年级),"说话、读书、作文、写字以混合教学为原则"。中年级(3年级开始)开始,"说话、读书、作文、写字仍可混合教学。如分别教学时,也应相互联络"。至于如何混合与联络,则需要语文教师对教材正确解读。教学语言一般要求使用标准语。

在教学质量评价上,这一时期主要体现在1923年和1929年小学

---

① 课程教材研究所. 20世纪中国中小学课程标准·教学大纲汇编(语文卷)[G]. 北京:人民教育出版社,2001:46-48.

语文课程标准中"毕业最低限度的标准"和"最低限度"部分。就"读文（读书）"来说，以 1923 年为例，如下：

初等小学"读文"毕业最低限度标准：

识最普通的文字二千个左右，并能使用注音字母。读语体的儿童文学等书八册。（以每年二册计，每册平均四五千字）能使用字典看含生字百分之五的语体的儿童书报。试读、答问，准确度在百分之六十以上。[①]

高级小学"读文"毕业最低限度标准：

识字累计至三千五百个左右。读儿童文学的书累计至十二册以上。能用字典看与'儿童世界'或'小朋友'程度相当，生字不过百分之十的语体文，及与日报普通记事程度相当，生字不过百分之十的文体文。标点及答问大意，准确数在百分之十以上。[②]

以上内容，如前所述，在课程标准中，有点类似阅读"学业质量标准"。在 1929 年小学语文课程标准中，增加了默读速度和默读标准测验分数的标准。也是在这一时期，我国历史上第一次针对小学生在识字量、阅读量、默读速度等做出具有标准的指导性文件。以上对今天最具借鉴价值的是对小学阶段整本书阅读标准的确定。

阅读范围：语体的儿童文学；规定精读和略读阅读量：1~4 年级读 8 册书，约 4 万字，5~6 年级读 4 册，约 2 万字，共计约 6 万字（其中 1929 年课程标准规定，初小精读教育部审定的国语教科书 8 册，略读儿童书数量为教科书的 2 倍，也就是 16 册；高小精读教科书 4 册，略读儿童书 12 册）。同时要求使用字典看生字占 5%~10%的语体的儿童书报和少年杂志等。

有两个方面值得我们注意：一是无论是精读或略读范围均主要是语体的儿童文学；二是对小学各学段的精读量予以规定。对比 2011 年版语文课程标准，对小学阶段阅读量总的要求是不少于 100 万字，背诵优

---

① 课程教材研究所. 20 世纪中国中小学课程标准·教学大纲汇编（语文卷）[G]. 北京：人民教育出版社，2001：15.

② 课程教材研究所. 20 世纪中国中小学课程标准·教学大纲汇编（语文卷）[G]. 北京：人民教育出版社，2001：15.

秀诗文60篇（段）。"提倡少做题，多读书，好读书，读整本的书。"①在关于课外读物的建议中也对阅读范围提出建议，主要读童话、寓言、故事、诗歌散文作品、长篇文学名著、科普科幻作品以及教师推荐的读物。但是并没有规定精读的阅读量或整本书阅读量。这一方面体现的是给予教材编写和教师教学的灵活性，另一方面也反映出操作性不足。对于整本书阅读，体现在课堂教学的导读或引导和课外阅读的指导，这一课题仍有研究的空间和价值。

二、中学阅读教学内容与要求分析

（一）清末中学阅读教学内容与要求分析

壬寅—癸卯学制时期，和小学一样，阅读教学的内容主要是"读经讲经"和"中国文学"。在癸卯学制中，"读经讲经"主要学习《春秋左传》和《周礼》两部。五年中学期间学习共二十四万八千四百六十一字。"中国文学"则学习"中国古今文章流别、文风盛衰之要略，及文章于政事身世关系处"。这里的阅读的目的还是科举，仍脱离不了"学而优则仕"的观念。在阅读教学方法上，要求和小学的一样，这里不再赘述。壬子—癸丑学制所规定的中学语文阅读教学内容，除废除读经外，基本上和清末无异，也是学习"文字源流、文法要略及文学史之大概"。其特点和在小学时的论述一样，同样不再赘述。

（二）民初中学阅读教学内容与要求分析

1912年《中学校令试行规则》只规定了国文的教授时数，并没有说明教学内容。1913年《中学校课程标准》规定的阅读教学内容是讲读。1923年壬戌学制颁布，中小学施行"六·三·三"制，中学从此分初级中学和高级中学。相应地在制定语文课程标准的时候，分别编制课程标准。以示程度和层次的区别。1923年《新学制课程标准纲要初级中学国语课程纲要》规定的阅读教学内容主要分精读和略读，精读方面主要精读传记、小说、诗歌、记叙文、议论文兼及杂文等，其

---

① 教育部制定. 义务教育语文课程标准（2011年版）[S]. 北京：北京师范大学出版社，2012：23.

中所占的语体文从第一学年的四分之三到第三学年的四分之一，且取材从近代为主到不拘时代。略读主要内容是读课程标准中所列举的阅读书目，并按要求完成。其"毕业最低限度标准：1. 阅读普通参考书报，能了解大意。2. 能欣赏浅近文学作品。"①

高中阅读教学内容中则对精读、略读有一个细致的要求，"略读的书，但求了解欣赏书中大体；精读的书，则须有详细的了解，并注重文学的技术"②。并且无论是精读还是略读，都使用整理过的名著，并对整理过的名著提出要求，要符合五个条件：标点、分段、校勘、简明注释、详明的引论；但没有提到语体文的比例。设置这些条件的目的在于便于学生自学。这五项条件奠定了语文教材中文言文的编写体例。

除此之外，初高中的阅读教学内容还列了精读和略读书目，这是除清末癸卯学制列了读经的经本外，是我国语文课程标准第一次将中外文学名著列入课程标准之中。初中方面只列举了略读书目，主要有：小说，包括《西游记》《三国演义》《上下古今谈》《侠隐记》《天方夜谭》（有文言的译本）、欧美小说译丛、域外小说集、短篇小说、林纾译的小说等；戏剧，包括《汉宫秋》《牧羊记》等无悖于教育者之类；散文，分三类，分别以著作人、文体、问题来分类，其中问题类主要关注文学革命和社会问题。高中方面主要列举了中国古代文学名著，但对精读和略读的书目都有所涉及。略读书目主要有：《水浒传》《儒林外史》《镜花缘》、古白话文选、近人长篇白话文学。这些书目只要求略读一种即可。此外，还从诸子百家、二十四史、唐宋八大家以及宋明理学家和清代桐城派等选取六种精读，五种略读；再从诗词曲（主要是指诗经、唐诗、宋词、元曲中）选取二种精读，三种略读。毕业最低限度的标准，精读和略读均为中国文学名著八种以上。

从上述我们可以看出，1923年初高中语文阅读教学内容有以下几个特点：首先，对语体文学习的比重逐渐减少，文言文的学习比重逐渐增加。初中阅读教学内容的语体文从第一段落的四分之三到第三段

---

① 课程教材研究所. 20世纪中国中小学课程标准·教学大纲汇编（语文卷）[G]. 北京：人民教育出版社，2001：275.
② 课程教材研究所. 20世纪中国中小学课程标准·教学大纲汇编（语文卷）[G]. 北京：人民教育出版社，2001：277.

落就降到四分之一。到高中，无论是精读教材还是略读教材主要是学习"整理过的古书"。其次，杂文进入阅读教学的内容，这和当时杂文在社会上的影响密切相关。最后，高中阅读教学多重在学生自己对文学名著研读，教师重在教给阅读的方法和引导良好的阅读习惯。

叶圣陶先生和朱自清先生曾分别写了《精读指导举隅》和《略读指导举隅》，给中学语文教师参考用的，但不失其借鉴意义。其中《精读指导举隅》中提出精读的方法，"第一，通读全文；第二，认识生字生语；第三，解答教师所提示的问题；第四，吟诵；第五，参读相关的文章；第六，应对教师的考问。"①叶老对精读方法的论述是符合语文课程标准的要求的，同时也在课程标准的基础上有所提升。而略读指导又是指导些什么呢？"第一，版本指导。第二，序目指导。第三，参考书籍指导。第四，阅读方法指导。第五，问题指导。"②从叶老给出的精读和略读的指导建议来看，中学阅读教学重在培养阅读的方法和习惯。

（三）国民政府时期中学阅读教学内容与要求分析

1929年到1948年颁发的中学语文课程标准在内容上大同小异，历次对中学语文课程标准的修改都是在1929年的基础上进行的，因此，在描述这一时期的语文教学内容时，主要以1929年颁发的《初级中学国文暂行课程标准》和《高级中学普通科国文暂行课程标准》规定的阅读教学内容为例。

初中阅读教学内容包含精读、略读以及毕业最低限度等内容。精读的内容，主要是语文教师选取精读材料，并指导阅读欣赏的方法。略读上也由语文教师选取整本名著或者节选名著部分，教会学生阅读的方法，引导学生去阅读和欣赏名著。至于毕业最低限度，提出了精读和略读的具体篇目和具体要求。如"曾精读选文，能透彻了解，并熟习至少一百篇。曾略读名著十二种，能了解大意，并记忆其主要部分"③。

---

① 叶圣陶，朱自清. 精读指导举隅·略读指导举隅[M]. 郑州：河南教育出版社，1988：3-16.
② 叶圣陶，朱自清. 精读指导举隅·略读指导举隅[M]. 郑州：河南教育出版社，1988：145-155.
③ 课程教材研究所. 20世纪中国中小学课程标准·教学大纲汇编（语文卷）[G]. 北京：人民教育出版社，2001：282.

高中阅读教学内容同样包含精读、略读及最低毕业年限，其内容基本和初中大同小异，不同之处在于对精读和略读的要求高，如精读上，要"使学生对于读物有详细的了解，并应注重于文学的技术之指示（包括材料的运用，思想的条理层次，描写人物的技术等）"[①]。

　　从上述分析我们明显可以发现中学阅读教学内容有以下几个特点：首先，中学语文阅读教学内容与小学阅读教学内容的侧重点不一，小学阅读教学内容注重选文的学习且与学生的实际生活密切相关，旨在培养学生对阅读的兴趣和习惯。中学语文阅读教学内容注重整部名著的研读及辅以选文的精读，再加上众多读物的略读。如高中阅读毕业最低限度，"曾精读名著六种且能了解与欣赏。曾略读名著十二种而能大致了解欣赏"。旨在培养学生阅读的能力及进而作文的能力，更加注重阅读方法的指导。其次，中学阅读教学的主要目的，除了培养学生阅读和欣赏文学作品的能力和兴趣外，还要通过阅读提高学生的写作能力，阅读是写作的基础。这点在 1948 年公布的中学语文课程标准中表现得很明显，如 1948 年《修订高级中学国文课程标准》中将阅读分为"阅读"和"精读"两类，"阅读教材可采用长篇，生字生词及费解部分，不宜太多，以能增加阅读兴趣，提高阅读能力为主，精读教材宜选用短篇。其用字用词语法文章作法，须足供反复深究及练习有助于学生发表学习者"。正如 1948 年《修订高级中学国文课程标准》在"实施方法"第一条规定的："精读与作文练习，应注意密切配合，务使每一精读教材之教学结果，即可应用于作文练习，或由每次作文练习，引入精读教材教学。"[②]最后，无论是小学阅读教学内容，还是中学阅读教学内容，都极其重视语言技能的训练。这点在阅读要求里表现明显。这是语文学习最基本的东西，对后来的语文教育影响很大。

　　在阅读要求方面，1929 年到 1948 年颁布的中学语文课程标准中规定的内容是一样的。以 1936 年颁布的《初级中学国文课程标准》和《高

---

① 课程教材研究所. 20 世纪中国中小学课程标准·教学大纲汇编（语文卷）[G]. 北京：人民教育出版社，2001：286.
② 课程教材研究所. 20 世纪中国中小学课程标准·教学大纲汇编（语文卷）[G]. 北京：人民教育出版社，2001：321.

级中学国文课程标准》中规定的阅读要求为例,如下:

初中阅读教学要点(1941年由于是六年制中学国文课程标准,其阅读教学要点和下面内容相同):

(一)精读部分

(1)教员对于选文应抽绎其作法要项指示学生,使其领悟文章之内容体裁作法及其背景,并注意引起其自学之动机。

(2)令学生运用工具书籍,如字典,普通辞典,百科辞典,人名地名辞典等,并指导其使用方法。

(3)教员于讲解前,应先令学生运用工具书籍,查考生字,难句及关于人地时种种问题。

(4)在选文中遇有初见或艰深之单字及术语应特别提出讲解。

(5)教员在讲述后,应指导学生作分析、综合、比较之研究,务使透彻了解。或提出问题,令学生课外自行研究。

(6)指导学生于不妨碍他人工作之范围内,用国音诵读,以养成欣赏文艺之兴趣。

(7)应令学生将教员所指导之要点及其自习时研究之所得,记录于笔记簿上,以备参考。

(8)随时考查成绩,其方法如下:

(甲)复讲;

(乙)问答;

(丙)测验;

(丁)默写或背诵;

(戊)轮流报告及讨论;

(己)检阅笔记。

(二)略读部分

令学生按个别的兴趣与能力,选读书籍,除定期刊物外,每学期至少二种。其教学要点如下:

(1)设法引起学生读书之兴趣,并指示各种阅读之方法。

（2）就学生所读书籍中，提出问题，令其作有系统的研究。

（3）提出所读书籍之参考材料。

（4）令学生在笔记簿上记录教员所指导之阅读方法，问题解答及自习时所摘出之要点及问题，以备参考及讨论。

（5）注意学生阅读速率与了解程度。

（6）应定期或临时举行考查成绩，其方法与考查精读成绩方法之（乙）（丙）（戊）（己）四项同。①

精读部分，侧重于单篇文章或两篇以上为一单位的群文，且"性质互相联络，或可互相比较的"。第一，读写结合、以读带写的阅读取向。语文教师对选文的各种文体的写作方法和特点加以讲解，为学生今后的自主学习打下基础。"教员对于选文应抽绎其作法要项指示学生，使其领悟文章之内容体裁作法及其背景，并注意引起其自学之动机。"②因此，精读的阅读取向是读写结合。第二，重视培养学生自主学习的能力。教会学生使用工具书籍，这是培养学生自主阅读的重要前提。第三，对精选的文章中学生第一次遇到或艰深之语教师要特别提出讲解，并运用分析、比较的方法务必使学生透彻了解。第四，使用国音诵读，培养学生欣赏文学作品的兴趣。第五，良好阅读习惯的培养，养成记笔记的习惯。"应令学生将教员所指导之要点及其自习时研究之所得，记录于笔记簿上，以备参考。"第六，评价方式多元化。有复讲、问答、测验、默写或背诵、轮流报告及讨论、检阅笔记等考查方式。

略读部分：第一，引导根据学生的兴趣和能力选择阅读书籍（整本书）或期刊。第二，激发学生的阅读兴趣，指导阅读的方法。第三，开展语文研究性的学习。"就学生所读书籍中，提出问题，令其作有系统的研究。"第四，和精读部分一样，养成学生记笔记的习惯。第五，对阅读的速度和考查做一些要求，和精度部分大同小异。

高中阅读教学要点：

---

① 课程教材研究所. 20 世纪中国中小学课程标准·教学大纲汇编（语文卷）[G]. 北京：人民教育出版社，2001：298-299.

② 课程教材研究所. 20 世纪中国中小学课程标准·教学大纲汇编（语文卷）[G]. 北京：人民教育出版社，2001：298.

（一）阅读部分

（1）选文精读对于各时代代表作品之讲授，应注意其派别及流变，特征与作法及其时代背景。

（2）专书精读，选定精读之专书，共同的或个别的略讲其在历史上之地位，文学上之价值，作者时代背景，及个人作风等；并指示阅读方法，分量，时间及参考书，随时养成学生运用工具书及参考材料之能力。

（3）略读方法与专书精读同。

（4）考查方法随时考查学生读书成绩，如检阅笔记，临时测验，或令其轮流报告及讨论等。①

精读部分：第一，分选文精读和专书精读，要求不一。选文精读重在讲解各时代代表作品，类似中国文学史。专书精读，重在通过精读专书，指导学生阅读方法，集中研究和探讨，搜集相关参考资料，培养学生使用工具书和研究的能力。略读部分的内容和专书精读一致。第二，考核方式为考查，注重过程性评价。

从上述可以看出，当时课标对内容的要求，实际隐含着教法的要求。1929年到1948年期间公布的历次中学语文课程标准对阅读教学内容要求的规定，和语文课程标准发展的历史一样，是在发展中逐渐完善。而且从2001年和2003年颁发的语文新课程标准中，我们可以看到这一时期语文课程标准的影子，可见语文新课程标准的制定是建立在前人的基础上的。从某种意义上讲，与其说是一种课程改革，不如说是对历史经验的总结与发展、丰富。如阅读教学之前，"应先令学生运用工具书籍，查考生字，难句及关于人地时种种问题。"语文新课程标准中的表述是"应指导学生学会使用有关工具书，自行解决阅读中的障碍"，两者是一致的。应该说，南京国民政府时期颁发的中学语文课程标准中规定的阅读教学内容要求是有其特点的：第一，强化读写结合、以阅读为本位的教学思想。继续深化阅读是写作的基础的教学观念。如在选文的学习时关注其作法及体裁。这和今天在进行阅读教学时，强调写作特点和文体意识是相通的。第二，高中阶段对精读的

---

① 课程教材研究所. 20世纪中国中小学课程标准·教学大纲汇编（语文卷）[G]. 北京：人民教育出版社，2001：302.

细分是这一时期中学阅读教学的一大特色,精读分为专书精读和选文精读。总的来说,选文精读重在培养学生阅读的能力及欣赏文艺作品的能力。专书精读旨在培养学生阅读的兴趣和方法。第三,初具形态的研究性学习。所谓研究性学习,指"以培养学生具有永不满足、追求卓越的态度,培养学生发现问题、提出问题、从而解决问题的能力为基本目标……在提出问题和解决问题的全过程中学习到的科学研究方法、获得的丰富且多方面的体验和获得的科学文化知识为基本内容;以在教师指导下,以学生自主采用研究性学习方式开展研究为基本的教学形式的课程"[1]。有人问,研究性学习不是第八次新课改之后才有的吗?实际上早在清末民国时期就有尝试和探索了。上述初中专书精读和略读部分的建议,就有些研究性学习的味道,从给定适当的材料,到提出相应的问题,然后给学生相应的参考资料及指导相应的阅读方法,令其做系统的研究,最后是学生之间或师生之间的讨论。当然,这只是初具形态的研究性学习,但在当时算是语文教学的一大进步。清末民国时期语文课程标准的前瞻性可见一斑。第四,重视学生的自主学习。如"教员在讲述后……提出问题,令学生课外自行研究"和"注意引起其自学之动机"。第五,阅读评价方式多样化。有过程性评价,如复讲、问答和默写及背诵等,也有测验、读书报告等诊断性评价。

第二节 写作教学内容分析

写作教学是语文教学不可或缺的重要组成部分。写作是一项综合训练,通常和口语交际、阅读教学联系在一起进行教学。从清末民国时期语文课程标准中规定的目标来看,始终都有一条,"养成自由发表思想之能力"。可见,"写作是运用语言文字进行表达和交流的重要方式,是认识世界、认识自我、进行创造性表述的过程。写作能力是语文素养的综合体现"[2]。应该说,无论是传统语文教育,还是近现代语

---

[1] http://baike.baidu.com/view/109493.htm.
[2] 教育部制定.义务教育语文课程标准(2011年版)[S].北京:北京师范大学出版社,2012:23.

文教育，都极其重视学生写作能力。在科举制度下的传统语文教育更是如此，在提倡民主与科学的近现代社会仍然如此，只不过古代提高自身写作能力大多是为功名，近现代加入了为自身素养的提高的要求，从某种意义上讲，尽管时代不同、观念不一，但在语文学科的工具性上交汇到一起。清末民国时期历次的语文课程标准都对写作教学提出较为明确的要求。

一、小学写作教学内容与要求分析

（一）清末小学写作教学内容与要求分析

清末壬寅—癸卯学制对小学写作教学内容的规定大多散见于各个条款之中，且通常与阅读教学内容合在一起，单独地规定写作教学内容或阅读教学内容在这一时期以及到民国初期都没有。壬寅学制对小学写作教学内容的规定主要分散在各学年的规定之中，壬寅学制称为"作文"。初等小学写作教学内容有："第一年教以口语四五句使联属之；第二年授以口语七八句使联属之；第三年作记事文七八句。"①高等小学写作教学内容有："第一年作记事文短篇；第二年作日记、浅短书札；第三年作说理文短篇。"②壬寅学制小学写作教学内容有几个特点：首先，在小学的初级阶段，只要求学生口述作文，且难度不大，从四五句到七八句。其次，写作内容及文体样式的选择贴近儿童生活，进入小学高年级，开始作记事文，然后作日记以及实用的浅短书札，这些对儿童来说，即贴近了他们的生活又实用。最后，和以后的语文课程标准比起来，壬寅学制对小学写作教学内容的规定要相对简单。只要求口述作文和短篇即可。

癸卯学制对小学写作教学内容的规定，初等小学方面，主要体现在"中国文字"上，"以俗语叙事，及日用简短书信，以开他日自己作文之先路，供谋生应世之需"。此外，还教授一些文章作法，如"讲积

---

① 课程教材研究所. 20 世纪中国中小学课程标准·教学大纲汇编（语文卷）[G]. 北京：人民教育出版社，2001：4.
② 课程教材研究所. 20 世纪中国中小学课程标准·教学大纲汇编（语文卷）[G]. 北京：人民教育出版社，2001：4.

字成句之法""讲积句成章之法或指日用一事或假设一事，以俗话二三句到七八句不等连贯一气及以俗话作日用书信"。[1]可以看出，癸卯学制对初等小学写作内容的规定相比壬寅学制又有一大进步。所谓俗语，就是白话，与有雅正之称的文言是有区别的，它打破了科举制度下代圣人立言而且只能用文言作文的局面。其特点有：首先，俗语进入写作教学，是早期白话文思潮的反映。其次，写作教学的目的在于教给学生谋生应世之需。训练写作的目的不再仅仅是参加科举，还融入了个人生活层面，如日记书信。

高等小学方面，主要内容是"教以作文之法，兼使学生作日用浅近文字。篇幅宜短，总令学生胸中见解言语郁勃欲发，但以短篇不能尽意为憾，不以搜索枯窘为苦。蕴蓄为久，其颖敏者若不限以字数时，每一下笔必至数百言矣。"[2]具体实施主要是用俗话翻文话及作短篇记事文、说理文，字数在一百到二百字。可以看出，其特点有：首先，明确提出教授学生写作方法且关注到学生之间写作能力的差异。其次，提出要激发学生的写作兴趣。民国初期壬子—癸丑学制对小学写作教学内容的规定极其简单，只是要求默写短句短文，或就成句改作，将阅读、写作、书法联络教学。

（二）民国初期小学写作内容与要求分析

壬子—癸丑学制对写作教学内容的规定在课程目标中体现为运用普通语言文字养成发表思想的能力，教学要求读写联系。1923年《新学制课程标准纲要小学国语课程纲要》规定的小学写作内容有："从简单语言的记录发表到通信、布告、记录的设计，和注重实用文，说明文的作法，研究，练习以及实用文，记叙文，说明文，议论文的作法研究，练习，设计。"在毕业最低限度的标准上，要求"能作语体的简单到普通的记叙文，实用文，说明文，而令人了解大意"。其特点，主要是重视普通文和实用文的写作训练，尤其是对应用文的作法的重视。

---

[1] 课程教材研究所. 20 世纪中国中小学课程标准·教学大纲汇编（语文卷）[G]. 北京：人民教育出版社，2001：6.

[2] 课程教材研究所. 20 世纪中国中小学课程标准·教学大纲汇编（语文卷）[G]. 北京：人民教育出版社，2001：9.

还有就是语体文正式地在语文课程标准中确立了合法的地位,小学写作主要写语体文。

(三)国民政府时期小学写作教学内容与要求分析

南京国民政府时期多次颁布小学语文课程标准,对小学写作教学内容的规定大抵相同,这里以1936年公布的《小学国语课程标准》为例,其规定的小学写作教学内容如下:第一、二学年,看图口述作文或写作;日常生活偶发事件以及游戏活动、集体活动和故事的口述,或者把过程和感受写下来;实用文的写作。第三、四学年则没有口头作文的要求,如看图、对照模型、观察实物写作,相比第一、二学年,增加了"对于家庭、学校、社会的建设改进计划或感想的发表[①]",这是把写作和学生具体的生活联系在一起。另外还有标点符号的使用要求。第五、六学年,增加了会写读书心得和评述生活中出现的小问题、演讲稿的写作以及文学作品的试作等教学内容。

从上述可以看出,南京国民政府时期小学写作教学内容有以下几个特点:第一,在小学低年级重视口述作文,先说得好,才能写得好。对口述作文的重视,清末壬寅学制中也提过,但正式出现在语文课程标准中是在南京国民政府时期。应该说先进行口述作文然后笔述作文是值得今天写作教学借鉴的。至少在语文新课程标准中找不到这样的描述。第二,重视写作过程中标点符号的使用。如"普通标点符号的运用练习"。此后的课程标准或教学大纲都重视这一点。这点在语文新课程标准中也有体现,"能根据表达需要,使用常用的标点符号"。第三,引导学生留心观察周围事物也是这一时期写作教学内容的一大特点。如对"日常生活、游戏动作、偶发事项、集会、故事、时事、读书要点等的笔述",这些都需要学生细心地观察生活才能完成。第四,重视文体意识的培养。这一时期的小学语文课程标准里的附件中一般都有详细的"各种文体的说明"。可见当时对文体意识的重视。第五,对演说辩论的重视。这也是这一时期语文教学的一大特色。这和民国

---

① 课程教材研究所. 20世纪中国中小学课程标准·教学大纲汇编(语文卷)[G]. 北京:人民教育出版社,2001:32.

时期重视文法、修辞、辩论的学习有着密切的联系。

在对小学写作教学要求方面，仍以1936年小学语文课程标准为例，如下：

无论口述或笔述，都得注重内容的价值，而不仅着眼于语言文字的形式的练习。

口述应和笔述常相联络。例如同一题材，先演讲（口述），继以记述（笔述），再继以讨论（研究）；或先演讲，继以记述；或先记述，继以讨论。

低年级作文的指导可多用"助作法"，中年级可多用"共作法"。

须养成起腹稿或先做大纲的习惯。

命题方法应注意：（一）利用机会命题，（二）常由儿童自己命题，（三）多出题目，以备选择。

命题性质应注意：（一）合于儿童生活的，（二）便于儿童发挥的，（三）富于兴趣的。

批改成绩应认真，应多保留儿童本意，并予儿童以共同批改研究的机会。并得于高年级中酌用"订正符号"，使儿童自己修改。又誊清手续，非有特殊需要时，应省去。

订正错误应多个别指导。如有巨大的错误，可将其容易错误的文法句法，用听写法仿作法等充分练习。

文法语法的指导，须在需要时提出；指导时，须用归纳的过程，把国语文中已习过的材料做基础。并搜集类似的材料，比较研究。

作文的范例，须以模范（思想无误、层次清楚、格式恰合，……）的实用文、普通文为主。

开始练习作文时，就应指导儿童笔记当前的活动。

须随机或特殊设计，多多指导儿童习作实用文。

作文须与各科（如笔记各科的讲述等）联络，并须与课外活动（如学校新闻、学级刊物的拟稿等）联络。[1]

---

[1] 课程教材研究所. 20 世纪中国中小学课程标准·教学大纲汇编（语文卷）[G]. 北京：人民教育出版社，2001：37-38.

综上，可以看出 1936 年小学语文课程标准具有以下几个特点：第一，无论是口头作文还是笔述作文，不仅注重语言形式，还注重作文内容的价值。第二，重视先说后写的写作教学程序。"口述应和笔述常相联络，例如同一题材，先演讲（口述），继以记述（笔述），再继以讨论（研究）；或先演讲，继以记述；或先记述，继以讨论。"[①]第三，小学作文指导方法的分层，低年级多用"助作法"，高年级多用"共作法"。"助作法"指"出题之后，用问答体诱导之，启发之，整理其既有之旧观念，补助某未有之新思想，使内容圆满，形式整齐。若用绘画标本实物等，尤适于此法。"[②]"共作法"指"出题之后，使全级儿童，共同构成一文，互相商榷，互相考究，以达到完善为度。或分为优中劣三组，各作一篇，以发挥其固有之能力，尤为适切。"[③]或者教师和学生一起思考文章作法。第四，命题指导系统。如对命题方法，则要求利用各种机会命题、儿童自己命题、多出题目，供学生多种选择。在命题的内容上，则要求贴合儿童生活，有利于儿童发挥和儿童感兴趣的主题。第五，作文评改方式多样。教师批改认真，在尊重学生本意的基础上批改。还采取学生与学生之间共同评改的方法，教给学生修改符号，让学生自己修改。第六，学生习作中出现的错误建议多个别指导。如果是集体共同错误，则使用听写、仿写的方法多加练习。第七，在需要的时候进行语法指导，不建议集中进行语法的学习。第八，提供的范文必须是思想正确、层次分明、格式恰当的实用文和普通文。第九，注重作文活动的设计与运用。作文练习之前建议学生先记下当下的活动。第十，适时多多指导学生写和生活实际相关的实用文。第十一，作文教学和其他学科教学相结合，和课外活动或学习相结合。

对于小学作文指导法，姚铭恩在《小学作文教授法》中还提到"范作法、自作法"，并结合"助作法、共作法"，构成主要的、副贰的两个层次的小学作文教法，见表 6.1。

---

① 课程教材研究所. 20 世纪中国中小学课程标准·教学大纲汇编（语文卷）[G]. 北京：人民教育出版社，2001：37-38.
② 范祥善. 缀法教授之根本研究[J]. 教育杂志（第十一卷第四号），1919.
③ 范祥善. 缀法教授之根本研究[J]. 教育杂志（第十一卷第四号），1919.

表 6.1　姚铭恩作文教授之方法[①]

		范作、共作、助作、自作
主要的	指导法	视写法、听写法、暗写法、联缀法、填充法、白话造句法
	补助法	模仿法、译文法、复文法
	自作法	叙述法、直观模写法
副贰的	变化法	节约法、增加法、改易法
	推敲法	正误法、排列法、连接法、修饰法

　　姚铭恩的研究，后期范祥善做了进一步的探索，这里不再赘述。从表 6.1 可以看出当时的课程标准对最新的教研成果的吸收。

　　从上述我们可以看出，南京国民政府时期小学语文课程标准中对写作教学要求的规定有以下几个特点：第一，有着成熟、系统的写作教学指导建议。从写作方法的多样化，到命题方法和性质及对作文批改的各项建议，包括文法学习及作文范例的建议，既体现了语文学科的特点，也关注了学生在心理、年龄上的实际情况，无不体现语文课程标准发展到这一时期，已经相当成熟和完善。第二，写作教学要求总体上适应儿童生活，切合儿童写作的能力和兴趣。如低年级从口述作文开始，还有命题的方法和性质都要求切合儿童生活和他们的兴趣。第三，作文批改方式的多样化和弹性大。诸如教员批改，学生共同修改及自我修改等方式。批改作文弹性大，给学生自我修改、共同修改的机会多，且在方法指导上，尽量尊重学生作文的本意和注重个别指导，而不是到处都是批改的痕迹及当众点评某个学生的作文的好坏。第四，写作教学注重和各科的联系以及与课外活动的联系。这和"教材有什么，我就只教什么"有着本质的区别。第五，从这一时期语文课程标准中可以分析出当时对"小学作文及小学作文教学"的认识，小学作文不是创作，更多的是练习写作，故有时也称为习作。如 1941 年小学语文课程标准对初级小学和高级小学四大学习领域强调注重练习，对作文领域来说，"作文类口述笔述的各项教材都应注重练习；字和词的用法及各种句式的构造注重研究和运用练习；各种实用文注重

[①] 姚铭恩. 小学作文教授法[J]. 教育杂志（第七卷第六、七号），1915.

形式的研究和试作；记叙文、说明文和读书札记注重自由发表练习；标点符号注重运用练习。"①高等小学，"作文类笔述、评述、拟稿等各项教材都应注重练习；实用文注重分析研究和习作；修辞和语法注重研究和运用练习。"②写作及写作教学有它的层次性，小学阶段的重点是打下自我写作的基础，学习上重点培养写作兴趣和加强练习。实际上，如果有条件，可以尝试编制各学段的"写作教材纲要"。

二、中学写作教学内容与要求分析

（一）清末中学写作教学内容与要求分析

清末壬寅学制对中学写作教学内容的规定体现在"辞章"里，主要为：作记事文、说理文及学章奏传记诸体文，学习辞赋诗歌诸体文。最大的特点是文学教育在中学阶段的萌芽，有了对辞赋诗歌的学习。

癸卯学制对中学写作教学内容的规定主要体现在"中国文学"里，主要为：第一，练习作文不能太晚，理解文字当中蕴含的意义，这是作文的第一步。"作文自不可缓。……一曰文义；文者积字而成，用字必有来历（经史子集及近人文集皆可），下字必求的解，虽本乎古亦不骇乎。此语似浅实深，自幼学以至名家皆为要事。"③第二，从古代优秀文章中获得写作方法。"二曰文法；文法备于古人之文，故求文法者必自讲读始。"第三，作文用词用语"以清真雅正为主"。忌用僻怪字、涩口句、狂妄议论、袭用报馆陈言、以空言敷衍成篇等。总之，写作是和做人做事联系在一起的，不能言之无物。总的来说，其特点为：第一，作文之前先了解文字构成的意义以及来历。第二，清末中学写作教学的内容以文言作文为根本。如虽不要求熟读但重视文言文法的学习。第三，作文风格以清真雅正为主流，和小学比起来，中学似乎

---

① 课程教材研究所. 20 世纪中国中小学课程标准·教学大纲汇编（语文卷）[G]. 北京：人民教育出版社，2001：42.

② 课程教材研究所. 20 世纪中国中小学课程标准·教学大纲汇编（语文卷）[G]. 北京：人民教育出版社，2001：46.

③ 课程教材研究所. 20 世纪中国中小学课程标准·教学大纲汇编（语文卷）[G]. 人民教育出版社，2001：269.

并不赞同用俗语作文。从它规定的作文的五个"忌"来看，不用僻怪字、涩口句，忌以空言敷衍成篇都是值得今天作文教学借鉴，但不得发议论和袭用报馆陈言则值得商榷。

壬子—癸丑学制并没有对中学写作教学内容进行明确的规定，只是要求能"自由发表思想"，作实用简及之文。"自由发表思想"相比清末学制是一大进步。

（二）民国初期中学写作教学内容与要求分析

壬子—癸丑学制对写作教学内容的规定也是能自由发表思想和作实用简及之文。1923年颁发的中学语文课程标准对写作教学内容的规定主要分初中和高中两大块。初中写作教学内容主要有："①定期的作文；②无定期的作文和笔记；③定期的文法讨论；④定期的演说辩论。"① 各学年的写作教学内容分别是：第一学年，命题作文和非命题作文，文言文翻译成白话文，笔记、演讲词、辩论词等都属于作文教学的内容；加强作文指导方法的研究。作文以语体文为主，兼练习文言文。第二学年作文教学的内容和第一学年大致相同。第三学年增加了修辞学的学习以及语体文和文言文的写作并重。高中写作教学内容主要是："作文应注重内容的实质和文学的技术。精读名著的报告或研究，可代作文。"② 此外，在文法上，注重语体文与古文文法的比较研究及本国文和外国文作文法的比较研究。

总的说来，民国初期中学写作教学内容要求主要有以下特点：首先，在初中语体文与文言文的写作训练比重有了大概的规定，三年下来，用语体作文仍是主要的，只是到第三学年语体文体才处在同样的地位，这奠定了今后包括今天中学语文教学现代文与古诗文比重划分的基础。当然，今天的写作教学，并不要求用文言写作，只要求把文言翻译成语体文。其次，无论是小学还是中学，在写作训练上都不仅重视语言形式的技巧，还十分重视写作内容的价值。用语文新课程标

---

① 课程教材研究所. 20世纪中国中小学课程标准·教学大纲汇编（语文卷）[G]. 人民教育出版社，2001：275.

② 课程教材研究所. 20世纪中国中小学课程标准·教学大纲汇编（语文卷）[G]. 人民教育出版社，2001：278.

准的话说,就是要关注情感、态度、价值观这一层面。

(三)国民政府时期中学写作教学内容与要求分析

1929—1948年颁发的历次中学语文课程标准对写作教学内容要求的规定大都相同,这里以1936年公布的初级中学国文课程标准和高级中学国文课程标准为例。它们规定的中学写作教学内容如下:

(1)教授作文方法,应时有变化,但不论记叙或议论,均以实质为对象,力避空泛,玄虚之习气,略举数例如下:

(甲)命题由教员命题或由学生自拟教员择定之。题材须取有关于现实生活而偏重记叙描写并与精读文之文体有切实关联者。

(乙)翻译翻文言文为语体文,或翻古诗歌为语体散文。

(丙)整理材料由教员供给零碎材料,令学生作一有系统之文字。

(丁)变易文字之繁简示以简约文字,令学生就原意演绎;或示以冗长文字,令节简之。

(戊)写生分学生为数组,由教员提示事物,实际描写。

(己)笔记教室听讲及课外读书之笔记。

(庚)记录如日记,游记,演说及新闻等记录。

(辛)应用文件书札,契据,章程,广告及普通公文程式之习作。

(2)习作以每星期一次为原则,于课内行之。每次练习,必须有个别或共同之批评,改正以先加各种符号,使自行修改。

(3)口语练习,于课外行之。或由教员命题指定学生演说,或由学生自由发表意见,或组织辩论会分组辩论。演说或辩论后,应批评其国音上语法上理论上及姿态上之错误,予以纠正。

(4)书法练习,除于课内略为说明用笔结体等外,应注意课外行楷之练习与临摹,先求整洁,次及美观。笔记与作文簿亦可为考查书法成绩之资料。①

初中写作教学内容要求有:第一,作文教学方法常教常新,应有变化,不论是教写记叙文还是议论文,其内容应避免空洞,言之无物。

---

① 课程教材研究所. 20世纪中国中小学课程标准·教学大纲汇编(语文卷)[G]. 北京:人民教育出版社,2001:299.

第二，命题可以教师命题，也可以学生自主命题，题目选择应和现实生活联系，或者与精读课文相关。第三，对文言文和古诗歌的翻译，翻译成语体文。第四，进行文字的缩写或扩写训练。第五，对事物的观察和描写。第六，记课堂笔记和课外读书笔记。第七、日记、游记、演讲词和新闻的写作。第七，应用文的写作，如书札、契约、章程、广告等。第八，每星期课内习作一次。第九，学习修改符号，共同修改或自己修改。

高中写作教学要求和初中大致相同，如下：

习作以每星期一次为原则，于课内行之。

（1）命题作文养成学生作文缜密敏捷之习惯与尽量发挥之能力。

（2）翻译为训练学生作文技术上之精确计，应注重翻译。例如：译（甲）文言文为语体文，（乙）语体文为文言文，（丙）古韵文为语体散文，（丁）外国短篇文为中国文言文或语体文等。

（3）读书笔记令学生将读书心得或疑问等，写成系统的或片段的笔记，以养成其勤勉审慎之习惯。

（4）游览参观之记载养成学生观察，取材，判断及描写之能力。

（5）专题研究提出研究题目，由学生搜集资料，试写论文，应注意其思想之条理与材料之排列等。

（6）应用文件凡宣言，契据，章程，广告及其他公文书札等，皆可令学生习作。

（7）文学作品凡小说诗歌戏剧，皆可令学生试作。[①]

初中、高中写作教学内容的不同在于：第一，重视命题作文的写作，训练学生缜密细致的思维。第二，注重翻译，训练写作技巧。如将文言文和语体文互译，将古韵文翻译成语体散文，把外国短篇文章翻译成文言文或语体文。第三，读书笔记是高中写作教学的重要内容，通过写读书笔记，养成学生爱思考和谨慎的习惯。第四，提倡游学，记下游览过程，养成学生的观察力和描写叙事的能力。第五，在研究

---

① 课程教材研究所. 20 世纪中国中小学课程标准·教学大纲汇编（语文卷）[G]. 北京：人民教育出版社，2001：303.

性学习中训练写作。"专题研究，提出研究题目，由学生搜集资料，试写论文，应注意其思想之条理与材料之排列。"①第六，尝试文学作品的写作。

此外，1940年初中写作教学内容要求增加了"听写"一项，主要是由语文教师集中一个主题一件事情进行演讲，学生在听完老师演讲后写成文字。1941年《六年制中学国文课程标准草案》则对具有文学天才或对文学有兴趣的学生给予特别的关注。

从上述分析可以看出，这一时期的中学写作教学内容要求有以下几个特点：第一，中学写作教学重视翻译，主要是训练学生的写作技巧。如"文言文翻译为语体文或语体文翻译为文言文，古韵文翻译为语体散文和外国短篇文翻译为中国文言文或语体文等"。第二，高中写作教学对专题研究的关注，是高中语文研究性学习的萌芽。提出问题，然后令学生搜集资料，试写论文。第三，对片段训练的重视。诸如日记、书札及读书笔记等都可以进行片段写作训练。第四，注重培养学生观察周围事物及取材的能力。如游览参观之记载和写生，在于养成学生观察、取材、判断及描写之能力。

三、文法语法教学内容与要求分析

（一）小学文法语法教学内容与要求分析

我国古代并没有完整、系统的语法知识，更不用说语法学了。直到1898年马建忠的《马氏文通》问世。该书以古汉语为研究对象，把西方的语法学成功地引进中国，创立了第一个完整的汉语语法体系，奠定了中国现代语言学的第一块基石。后期杨树达、黎锦熙、吕叔湘等人的语法研究均有《马氏文通》的痕迹。文法语法的内容与要求真正进入语文课程标准是1929年颁布的小学国语课程标准。体现在作文教学内容中，如对练习的作文的内容，"口述的由师生商定范围，练习以国语表情达意，重在矫正语法……""研究的……普通文实用文的格

---

① 课程教材研究所. 20世纪中国中小学课程标准·教学大纲汇编（语文卷）[G]. 北京：人民教育出版社，2001：303.

式结构文法修辞等分析研究"[①]。在教学要求上,"语法文法作文法格式等一切规则,要在发生困难或实际需要时,从已经熟习的材料中指点,不要死教"。这是语法教学总的要求。具体在写作教学中,首先是在对文法语法的研究,应在语文学习过的材料中归纳比较。其次,将容易错的文法语法,采用听写、仿写的方式加以练习改正。

从以上分析可以看出,当时的语文课程标准并未要求进行系统的文法语法学习,只是在写作教学的适当时机加以练习。1932年、1936年颁布的小学语文课程标准,对文法语法的内容与要求基本与1929年的一致。1941年的小学语文课程标准,在"教材纲要"附件二文法的组织中专门对单句、复句、句子的语气进行说明和示例,这是我国语文课程标准中第一次系统地阐述语法知识。并提出,"文法的指导,低中年级在需要时提出,高年级得在每课教学以后提出,并需用归纳的过程,比较研究。"[②]对小学阶段语法的学习做了学段要求。在写作练习上,则要求订正语法错误应个别指导,如遇到重大的语法错误,则采用听写、仿写的方式多加练习。

(二)中学文法语法教学内容与要求分析

语法的内容与要求正式进入语文课程标准也是在1929年。文法修辞的内容也是第一次被纳入教学编写的标准之中。"文法的词性、词位,句式;修辞的组织法,藻饰法和文体的分类等,并就精读的选文中采取例证和实习的材料。"[③]对于具体的教学要求,初中如下:

(子)每授一文,须就文中选取可借文法或修辞法说明之点,详为指示。

(丑)应使学生于随文得文法与修辞的实证外,仍有系统的概念。

(寅)就选文中摘取文法或修辞的习题,令学生练习。

---

① 课程教材研究所. 20世纪中国中小学课程标准·教学大纲汇编(语文卷)[G]. 北京:人民教育出版社,2001:17.

② 课程教材研究所. 20世纪中国中小学课程标准·教学大纲汇编(语文卷)[G]. 北京:人民教育出版社,2001:56.

③ 课程教材研究所. 20世纪中国中小学课程标准·教学大纲汇编(语文卷)[G]. 北京:人民教育出版社,2001:283.

（卯）就学生作文卷中，选取有文法上或修辞上谬误的实例，令其改正。

（辰）文法应注重语体文法与文言文法的比较。①

初中语法内容与要求体现在三个方面：一是在阅读教学中，在每篇选文的学习中，选取文法或修辞的学习要点，提供实例解释说明，并加以练习。二是在作文评改上，选取文法或修辞上有错误的实例，加以改正。三是区分白话文和文言文语法的区别。

高中文法教学内容与要求如下：

（1）文法应注重语体文与文言文的文法上的异同，并参采方言的文法及外国语文法，以供文法的比较研究。古书上文法的特例，也应分别说明，为学生读解古书的助力。

（2）修辞应注重文的组织法和体制，遣词的各种方式，辞格的类例。关于文学作品的玩味，作家风格的识别，也应注意，以培养学生欣赏中国文学名著的能力。②

从上述分析可以看出，高中文法教学内容要求有以下特点：第一，和初中一样，要求区分语体文和文言文的文法上的区别和联系，并且要求参考我国各方言及外语文法，尤其提到古书上的文法的学习。这点值得学习。王荣生曾说："我们现在教散文很奇怪，教文言文的时候，用的是一套现代的办法。……现代写作教学教的最多的却是古代的一套章法：开门见山，以小见大，首尾呼应，铺垫照应。"③对于文言文、语体文在文法上的区别和联系，目前仍是值得研究的课题。第二，关注文学作品的修辞，提高学生欣赏中国文学名著的能力。

中学文法修辞教学的具体要求如下：

（1）于讲读专书及单篇时，就学生对于文法及修辞的知识，扩所已知，益所未知，触类引申，随处指说。关于文法，能随时就学生所

---

① 课程教材研究所. 20世纪中国中小学课程标准·教学大纲汇编（语文卷）[G]. 北京：人民教育出版社，2001：284.
② 课程教材研究所. 20世纪中国中小学课程标准·教学大纲汇编（语文卷）[G]. 北京：人民教育出版社，2001：287.
③ 王荣生，邓彤. 写作教学教什么[M]. 上海：华东师范大学出版社，2014：9.

习外国语文法，指出其与中国语法文法异同，颇有益处。学生的口语有文法上的错误，教员也应随时纠正。

（2）于课堂讲读时间内，间三四周，将文法或修辞作一次归纳的有系统的演述。约各十数讲。

（3）于课外选定关于文法或修辞的参考书，略讲读法，供学生自由阅读或读书时检查参考之用。①

相比小学，中学对于文法的学习更具系统性，也有实际的内容所指，方法指导。对于文法语法的学习，民国时期采用的是小学不系统学习，出现问题才指点，逐步到中学系统地在阅读、写作教学中适当学习。如："课堂讲读时间内，间三四周，将文法或修辞作一次归纳的有系统的演述。约各十数讲。"并且提供文法语法学习的参考书，供自学使用。《2011年版义务教育语文课程标准》对语法修辞的内容，在附录部分中显现，这点和1941年的小学语文课程标准类似，规定词的分类、短语的结构、单句的成分、复句的类型及常见的修辞格。至于教学要求则没有涉及。民国时期语文课程标准对语法修辞的内容规定及教学要求对当下语文教学中语法教学有参考意义。

第三节 口语交际教学内容分析

"口语交际能力是现代公民的必备能力。应在具体的交际情境中，培养学生倾听、表达和应对的能力，使学生具有文明和谐地进行人际交流的素养。"②

一、小学口语交际教学内容与要求分析

（一）清末小学口语交际教学内容与要求分析

清末壬寅—癸卯学制并没有对小学口语交际教学内容做明确的规

---

① 课程教材研究所. 20世纪中国中小学课程标准·教学大纲汇编（语文卷）[G]. 北京：人民教育出版社，2001：288.
② 教育部制定. 义务教育语文课程标准（2011年版）[S]. 北京：北京师范大学出版社，2012：24.

定，或者说，在清末，口语交际并没有得到应有的重视。这和我国几千年来传统语文教育脱离生活实际，忽视口语交际的训练有很大的关系。但癸卯学制要求"习通行之官话，期于全国语言统一"，为口语交际教学在今后的实施奠定了一定的基础。

（二）民国初期小学口语交际教学内容与要求分析

民国初期壬子—癸丑学制延续清末学制，同样对口语交际教学未做明确的规定，只是要求"练习语言"。最大的进步在于使学生"学习普通语言文字"。1923年制定的《新学制课程标准纲要小学国语课程纲要》则对口语交际教学内容的规定较为系统、明确。具体如下：

第一学年　演讲语练习，简单会话，童话讲演。
第二学年　同第一学年，注重会话和童话讲演。
第三学年　童话、史话、小说等的演讲。
第四学年　同第二学年，加普通的演说。
第五学年　同第四学年，加辩论会的设计、练习。
第六学年　同第五学年，注重演说的练习。[①]

1923年小学语文课程标准对口语交际教学内容的规定有以下特点：首先，最大的特点是用言文一致的国语进行口语交际教学。如能听国语的故事演讲和通俗演讲，能用国语做简单的谈话和演讲。这既是国语统一运动的结果，也是语文教学内容的拓展。其次，注重演说和辩论。每一学年都有不同形式的演讲、演说和辩论。演说和辩论都是能有效培养说的能力的方式，同时客观上训练学生在演讲和辩论时关注自身体态语的恰当表现。"演说与辩论都是国语与国语文的实用教法。国语文既是一种活的文字，就应当用活的语言作活的教授法。演说，辩论……都是活的教授法，都能帮助国语教学的。长于演说的人，一定能作好的文章，辩论家也是一样。"[②]再次，以童话、史话、小说为语料进行讲演和会话，一方面能激发学生听说的兴趣，但另一方面

---

① 课程教材研究所. 20世纪中国中小学课程标准·教学大纲汇编（语文卷）[G]. 北京：人民教育出版社，2001：13-14.
② 胡适. 中学国文的教授[J]. 教育丛刊（第二集），1920.

以生活实际为情景的口语交际明显缺乏。最后,这一时期的语言教学(口语交际教学)侧重于学生"表达"能力的培养。

(三)国民政府时期小学口语交际教学内容与要求分析

从1929年到1948年南京国民政府时期颁发的历次小学语文课程标准对口语交际教学内容的规定大抵相同,名为"说话",主要包含的学习内容有:日常谈话的耳听口说;问答、报告、讲述故事、演说、辩论等的练习。这里以1936年的小学国语课程标准为例,分学段的内容有:

目标:指导儿童练习国语,熟谙国语的语气语调和拟势作用,养成其正确的听力和发表力。各学年具体教学内容:第一、二学年:1.日常用语的练习。2.有组织的语言材料的演习。3.简易有趣味的日常会话。4.简短故事的表述练习。5.国音注音符号的熟习。第三、四学年:1.有组织的语言材料的练习。2.有趣味的日常会话。3.故事的表述练习。4.简短演说的练习。5.国音注音符号的运用。第五、六学年:1.日常会话。2.故事的表述练习。3.普通演说的练习。4.辩论的练习。5.话剧的练习。[①]

从上述可以看出,这一时期小学口语交际教学的内容主要有以下特点:第一,重视国语注音符号[②]在口语训练中的作用。主要是在训练学生学习标准国语时发挥作用。第二,重视口语交际教学的趣味性和情境性。如有趣味的日常会话。第三,注重口语交际教学的实践训练,正如这一时期语文课程标准中所强调的,说话教学注重练习。第四,注意到口语交际过程中体态语的使用。如要求熟习汉语的语气语调和拟势作用。第五,对小学生进行口语交际多数在课内教学过程中完成。

在口语交际教学要求上,以1941年小学国语科课程标准为例,如下:

[①] 课程教材研究所. 20世纪中国中小学课程标准·教学大纲汇编(语文卷)[G]. 北京:人民教育出版社,2001:29-31.

[②] 注音符号,旧称注音字母,是为汉语汉字注音而设定的符号。以章太炎的记音字母作蓝本,1913年由中国读音统一会制定,1918年北洋政府教育部正式颁行。

1. 开始教学说话时，应注意于语法的完整和姿势的活泼自然，并须使儿童熟知问答的法则。2. 注意先听后说，务使儿童听熟之后再学说，说熟之后再换别种教材。所换的教材应和已教的教材充分联系，并充分应用已熟习的语句。3. 说话要自然（不可拘泥于文法的组织而受文字的拘束），并且要注意儿童语和成人语的不同。4. 说话要注意生动，有情景；教学和动作，要结合表现；已经讲过的故事，最好要儿童表演。5. 容易错误的音或语，要格外说清楚，听得多，练习得多，并根据发音部位指导矫正；意义不明显的话，要用实物、图形、动作、说明、翻译等表示意义。6. 低年级儿童发音的个别缺点，应根据发音部位随时指导矫正。7. 长篇的报告、演讲等，要注意段落层次的明白，自然。8. 辩论的指导，应特别注意事理的认识，切勿流为意气的争论。①

从上述可以看出小学口语交际教学内容要求主要有以下特点：首先，注意到了口语交际教学中应有文明态度和语言的修养。如在进行说话教学之前，须使学生注意语法的完整和姿势的活泼自然，并须使儿童熟知问答的法则。再如辩论的指导，应特别注意事理的认识，不要闹意气地争论。其次，重视口语交际教学的阶段性，不同阶段的学生在年龄、性别及心理上都有差异。如注意先听后说，符合儿童的年龄特征和说话心理。再如说话要自然，注意儿童语和成人语的区别，也是要求教员在教学时了解学情。再次，注意到情景在口语交际教学中的作用，并注重学生的口语交际实践。如说话要注意生动，有情景。教学和动作，要结合表现，这样就避免了口语交际课只有教员一人在说的情况。最后，注意到学生在进行口语交际的过程中教师的指导矫正作用。如容易错误的音或语，低年级发音的个别缺点等，都需要教师及时指导和矫正。

二、中学口语交际教学内容与要求分析

清末壬寅—癸卯学制、民国初期壬子—癸丑学制及 1923 年编制的中学语文课程标准并没有对口语交际教学内容作规定。但这段时间，也有学者做过相应的研究，比如胡适和陈启天。胡适先生认为，"中学

---

① 课程教材研究所. 20 世纪中国中小学课程标准·教学大纲汇编（语文卷）[G]. 北京：人民教育出版社，2001：55.

国文的内容，一国语，二古文，三文法与作文，四演说，五辩论，至于演说、辩论都是继承国语的教法。"①并且提出演说与辩论应注意的要点，在选题上应用具体的问题，不要使用抽象的，在方法上，演说人数、时间上都有限制，且带有作文的性质，最后师生对学生的演说进行评价。陈启天也认为演说对于中学生口语能力提高的重要性以及口语表达能力对学生的生活的影响，"从来国文教授，只注意养成作文的能力，不注意练习说话的能力，这是极大的错误"②。他认为说话的重要性在于，首先，"在现代的交际频繁的时代，更需要语言，说话得法就易融洽感情，说话失当，必致彼此参商；非有素养实在不能应对"③。比如欢迎会不能致答词。其次，说话在现实生活中的开会、工作上发挥作用。最后，结社讲学和共同研究需要使用语言来沟通合作，不会说话做不成事。因此，他认为，应在中学国文中特设演说科专门训练学生的口语交际能力，并且要求演说的语言正确明了，没有土语和语病，态度要活泼有生气、有礼貌文明，题材有条理。应该说，胡、陈在中学口语交际教学上的探索为后期奠定了基础。1929年《初级中学国文暂行课程标准》开始对中学口语交际教学内容及要求做出简单的规定，主要为口语练习，练习的形式主要是演说和辩论，在练习之前教师先提供演说或者辩论的材料，并教以方法，练习的时间主要是课外，或者让语文教师制定题目进行演说，或者由学生自由地发表意见，以及组织辩论会开展辩论。在学生进行演说或辩论结束后，教师要对学生的演说或辩论加以评价，有语法错误要及时指正。《高级中学普通科国文暂行课程标准》只是规定语文教师在课外指导学生练习演说和辩论。1932年到1948年颁发的中学语文课程标准对口语交际教学内容的规定大抵相同，都只是较为明确地规定了初中口语交际教学的内容及要求，高中则没有作明确规定。这里以1940年《修正高级中学国文课程标准》为例，其规定的口语交际教学内容为口语训练，主要在课外进行。开展的形式有教师制定主题进行演讲、学生自由发表意见、开展

---

① 胡适. 中学国文的教授[J]. 教育丛刊（第二集），1920.

② 陈启天. 中学的国文问题[J]. 少年中国（第一卷第十二期，第二卷第一期），1920.

③ 同上。

辩论会等。在训练结束后,语文教师要对学生演讲或辩论的思想、结构、修辞进行指导,对学生的音调和体态语予以纠正。实际上其内容和1929年的口语交际教学内容并没有多大的区别。应该说,清末民国时期中学口语交际教学的内容与要求相比小学,其最大的特点是,中学口语交际教学的任务在课外完成。对口语交际的要求也和小学大抵相同,只不过中学实施口语交际教学时自由度和弹性要大。此外,重视口语交际方法的指导与材料的提供。教师在口语交际教学中的引导作用在中学仍然重要。其实,无论是清末民国时期的小学,还是中学,它们在进行口语交际教学时都很重视演说和辩论的练习以及文法的学习。这也是这一时期语文教学的一大特色。

第四节 识字、写字教学内容分析

写字和识字一样,都是阅读和写作的基础。"写字教学要重视对学生写字姿势的指导,引导学生掌握基本的书写技能,养成良好的书写习惯。"[①]

一、小学识字、写字教学内容与要求分析

(一)清末民国初期小学识字、写字教学内容与要求分析

清末壬寅学制对小学识字、写字教学内容的规定很简单,没有识字量的规定,只有对写字的要求,即"习今体楷书、行书,兼习小篆"。癸卯学制则增加了"习字即以所授之字告以写法",其余和壬寅学制一样,习楷书和行书。清末学制之所以没有明确地规定写字教学内容,原因之一是中国传统语文教育(私塾)一直重视书法教育,一方面,我国古代知识分子要想进入仕途,必须参加科举考试,而考生的书法是考查的内容之一,另一方面,书法好不好在当时是一种身份的象征。但更重要的因素是,书法是我国语文教育区别于其他国家语文教育的

---

① 教育部制定. 全日制义务教育语文课程标准(实验稿)[S]. 北京:北京师范大学出版社,2001:16.

最重要的特点之一。壬子—癸丑学制对小学写字教学内容要求为"书法所用字体，为楷书及行书"。增加了注重书写习惯一条，"遇书写文字，务使端正敏捷，不宜潦草"。这两个时期都提到学习写字从楷书开始，是因为楷书是其他书法字体的基础。因为楷书（在四大书体中）在用笔上最复杂，最全面，最难。学会了楷书的笔法，其他书体的笔法自然已会。在结构上，楷尤其是行书的基础。苏轼曾在其一篇书法理论著述《论书》中说："书法备于正书，溢而为行草。未能正书，而能行草，犹未尝庄语，而辄放言，无是道也。"可见，楷书是书法艺术的基本功，学习书法要从楷书开始。因此，清末民国初期的语文课程标准提出从练习楷书为写字的开始是有其科学性和合理性的。

没有对识字量进行规定的原因，主要是这一时期全国各地还存在大量的私塾，多数学生在私塾接受的《三字经》《百家姓》《千字文》等启蒙识字有 2000 多字。包括 1901 年出版的《澄衷蒙学堂字课图说》[①]，共选 3291 个常用汉字，插图 762 幅，和今天小学阶段认识 3000 个常用汉字基本吻合，以及 1905 年由上海会文堂书局编辑出版的《国民字课图说》，收录 1400 个常用汉字，和今天小学低年级要求认识 1600 个常用汉字，在量上和内容上基本一致。当然，这一时期的识字教育仍然是值得去发掘和探究的课题。

（二）1923 年小学识字、写字教学内容与要求分析

1923 年编制的《新学制课程标准纲要小学国语课程纲要》对小学识字量的规定是，初小（1~4 年级）认识常用汉字 2000 个左右，高小（5~6 年级）累计认识常用汉字 3500 个左右。识字工具主要为注音字母和字典。这是我国语文课程标准第一次规定小学生需要认识的汉字量。对小学写字教学内容的规定为："第一、二学年，写字的设计练习；第三学年，楷书的临摹；第四学年，同第三学年，加行楷和简便行书

---

① 全书四卷。第一卷所收汉字包括天文地理、自然现象、山川河岳、各国知识、地方小志等；第二卷所收汉字涉及人事物性、乐器武器、花鸟鱼虫、矿物金属等；第三卷所收汉字为度量衡、日常生活、农业工业、虫豸动物、野生植物等；第四卷所收汉字属较抽象的人类活动和语言文字。其编排的次序，可以说非常契合儿童识字教育的规律。

的练习；第五学年，同第四学年，加行书的练习，可临帖；第六学年，同第五学年，注重行书的练习，加通行草书的认识。"在方法上，"注重反复练习"。在毕业最低限度的标准上，初级为"能速写楷书和行楷，方三四分的，每小时二百五十字；方寸许的，每小时七十字"；高级为"能写通行的行书字体"。①从上述可以看出，1923 年的小学写字教学内容相比清末民国初期要相对系统得多。

（三）国民政府时期小学识字、写字教学内容与要求分析

1929 年到 1948 年南京国民政府时期颁发的历次小学语文课程标准都没有对识字量进行明确规定。这一时期对写字教学内容与要求的规定大抵相同。主要内容为：一是练习写字，包含书写应用的书信柬帖等文件，以及规定时间练习或临摹范字和字帖。二是对汉字及书法的认识、审美，以及对书信柬帖等书写格式的辨别。这里以 1936 年小学国语课程标准中的规定为例，如下：

目标：指导儿童习写范字和应用文字，养成其正确、敏捷的书写能力。

主要内容：1.正书、行书的习写。2.实用文的抄写。3.通用字行书、草书及简体字的认识。

各学年写字教学内容：

第一、二学年：1. 简易熟字的硬笔（铅笔或石笔）习写。2. 毛笔写字的基本训练（执笔、运笔、姿势等）。3. 单体及合体字笔顺、偏旁冠脚、部位等的辨认练习。4. 正书中字的影写、仿写。

第三、四学年：1. 毛笔写字的基本训练。2. 字的结构部位等的辨认练习。3. 正书中小字的仿写。4. 中小字的应用练习。5. 简便行书的认识并试写。

第五、六学年：1. 正书中小字习写。2. 实用文（注重书信的格式）的习写。3. 简便行书的习写。4. 通行字行书草书的认识。②

---

① 课程教材研究所. 20 世纪中国中小学课程标准·教学大纲汇编（语文卷）[G]. 北京：人民教育出版社，2001：13-15.

② 课程教材研究所. 20 世纪中国中小学课程标准·教学大纲汇编（语文卷）[G]. 北京：人民教育出版社，2001：32.

写字教学要求如下：第一，提供给学生写字的材料应是常用字和易写错的字。同时写字的练习方式可以是自由写或者速写，但写字的材料应是有意义的句子。第二，写字练习首要练习写中楷字。第三，教师应指导学生写字的姿势、笔的使用方法和桌椅的摆放，同时指导学生汉字的笔顺、结构等，初学写字，应严格指导。第四，指导学生毛笔的使用方法和保养措施。第五，选择符合学生年龄特点的写字范本，进行分组分团训练。第六，在写字教学时间分配上，应分布练习，多次训练，但每次的时间少。第七，观摩教师或学生的写字过程。第八，定期组织写字比赛，提高学生写字的积极性。

从上述分析可以看出，这个时期的写字教学内容要求主要有以下几个特点：首先，毛笔不再是唯一的书写方式，加入了硬笔的练习。尽管有了新的书写方式，毛笔始终是主要的书写方式。毕竟在小学六年的学习过程中，大部分时期还是用在毛笔字的基本训练上。其次，重视对汉字特点的认知与学习。了解汉字的特点可以让学生在写字的过程中减少错误。再次，延续清末民国初期的惯例，注重正书也就是楷书的练习，然后习写行书以及对草书的认识。最后，关注实用文的抄写。此外，1941年的小学国语科课程标准在界定写字教学目标时指出，"指导儿童习写文字，养成其整齐清洁迅速确实的习性和审美的观念"，除了注意培养学生的写字习惯外，还关注到写字利于培养学生审美的观念。作为从汉字脱颖出来的书法艺术，不同书体呈现不同的视觉形象，给人以不同的审美感受。

从写作教学要求来看，这一时期的语文课程标准对写作教学做出的要求可以说是较为完善。其特点主要有：首先，注重写字材料及字体的选择。如写字的材料应选择一些常用的、易写错的字，在自由写的过程中，应选择有意义的句子或段落来写。字体则尽量选用简体字。其次，注重引导学生的写字习惯及教给学生正确的写字方法。从写字的姿势到执笔运笔的方法都有明确的规定。再次，注重采用因材施教的教学方法。如根据学生的年龄、能力以及个性采取分组分团和符合儿童个性的范本来指导练习写字。最后，在写字训练上多采用"分布练习"和定期比赛来加强练习。

二、中学识字、写字教学内容与要求分析

清末壬寅—癸卯学制对中学写字教学内容的规定和小学的规定一样，极其简单，也只是提到从楷书开始，再习行书，兼习小篆。民国初期壬子—癸丑学制延续清末的规定，只不过不再学习小篆，高年级改为学习草书。

1923年的中学语文课程标准只有《新学制课程标准纲要初级中学国语课程纲要》对写字做了相对系统的规定，主要内容为："1.楷书或行书的练习。2.名人书法赏鉴。"在各个段落的内容分别为："第一段落，练习楷书，行书。注重正确，洁净，敏捷。得兼及名人书法的赏鉴，和碑帖的临写。第二段落，同第一段落。第三段落，同第一段落。"我们可以发现以下特点：相比小学，除了继续培养学生的写字能力外，中学写字教学侧重培养学生鉴赏名人书法的能力，一来可以促进学生自己写字能力的提高；二来，鉴赏名人书法客观上可以涵养学生的性情，提高自身的语文素养。

1929年到1948年南京国民政府时期颁发的历次中学语文课程标准和1923年一样，也只是在初中语文课程标准中对写字教学内容做了规定，而且内容大抵相同。这里以1940年《修正初级中学国文课程标准》为例，主要内容为：第一，课内写字教学内容主要介绍用笔的方法、字体的结构以及书法的历史演变，课外写字教学内容主要是利用课余时间和假期临摹训练写字，要求写字整洁美观。第二，在记笔记和写作文的过程中练习写字，纠正和制止学生写破体字。第三，发挥教师的示范和指导作用。从上述分析可以看出，这一时期的中学写字教学要求，最大的特点，除继续通过相当的训练培养学生的写字能力外，还努力培养学生认识汉字及书法文化的源流，从根本上激发学生热爱本国文字及书法的兴趣，为保存中华优秀传统文化做出应有的贡献。

从对清末民国时期语文课程标准的内容的梳理及分析来看，主要有以下几个特点：一是逐步构建较为完善的语文知识体系。这一体系主要包括，文体知识、文法知识、文章作法、修辞和辩论术、文学史等，尤其是对文法、修辞、辩论术的重视。主要是因为这一时期对学生的演讲、辩论能力的培养很重视。二是对文学教育的重视。无论是

从语文课程标准的目标，还是具体的教学内容来看，文学及文学教学的地位在逐步上升。如1923年《新学制课程标准纲要高级中学公共必修的国语课程纲要》的课程目标就有"引起学生研究文学的趣味""培养欣赏中国文学名著的能力"等。具体的教学内容主要体现在小学对诗歌、童话学习的重视，高中在精读和略读两大教学内容上对文学作品的重视。三是对应用文写作的重视。应该说，应用文与学生的实际生活关系密切，也体现语文学科工具性的本质。四是对口语交际教学、作文教学内容及教学建议所做的规定和描述，这是清末民国时期语文课程标准的特色之一，对今天的语文课程标准及语文教学有借鉴及启示作用。五是清末民国时期语文课程标准对书法教学的重视及形成了较为完善的书法教育体系，这也是值得我们反思和借鉴的。在信息技术快速发展的今天，人们尤其是学生的书写能力越来越差，提笔忘字、写错字的现象大有人在，更不要说进行书法创作了。当然，电子书写的盛行也是当前学生写字能力与水平大幅下降的原因之一。

第七章 清末民国时期语文课程标准的评价与借鉴

历史是一面镜子，鉴往可以察今，可以预知未来。本书以清末民国时期的语文课程标准为例，回顾了我国语文课程标准从雏形到语文学科的单独设科、再到逐步成形及发展完善的历程。对清末民国时期语文课程标准的结构、内容等方面进行了细致的分析，从中应当而且可以引出不少对我们有益的历史经验，即带有规律性的东西，有的值得吸取，有的则应引以为戒，从而对我们今天的语文课程标准的编制、完善与实施有所启示。

第一节 清末民国时期语文课程标准的评价

基于前面章节论述的主要内容，本节主要对清末民国时期语文课程标准的演变、结构和内容等三个方面的优点和不足做出评价。

一、语文课程标准的演变评价

本书第二章、第三章专门阐述了清末语文课程的危机与变革，以及清末民国时期语文课程标准的嬗变过程。应该说，我国语文课程标准在演变的过程中，经历了一种从不自觉到自觉、从模仿他国学制到结合本国国情进行课程改革与近现代化的艰难历程。语文课程标准在历经半个世纪的演变过程中，带给语文学科本身的是什么呢？

首先，我国语文教育这门既古老而又年轻的学科终于有了科学的课程标准，给语文教育的发展尤其是语文教学带来极大变化，从前那种粗放式的语文学习不复存在。

其次，从清末民国时期语文课程标准的演变过程来看，学制的改变或者语文课程标准的演变往往随着一个国家政治、经济的变化而变化,但同时也表现出略为"超越"的现象,如壬戌学制下制定的语文课程标准。而根据课程标准的定义,一个课程标准是对从课程标准制定之日起到此后一定时间内的教育指导性文件,应该说,教育规划或课程标准的制定合理地超前是正常而且是必需的。

最后,纵观清末民国时期语文课程标准的演变,我们发现,虽然改朝换代、政权更替频繁,但是每一个学制或语文课程标准的制定都是在继承前一个语文课程标准的基础之上而编制的,并没有出现全面推翻前人的基础而另起炉灶的情况。如民国初期壬子—癸丑学制对癸卯学制整体框架的继承,即便框架上变化大,但是仍继承了传统语文教育中优秀的经验,保留了中华文化的一些根本性的东西。如对学生德育、价值观的引导的重视无论是古代语文教育还是现代语文教育都是一项重要诉求。再如语文教育的基础是培养学生具备谋生应世之能力一直都是语文学科的一项重要目标。当然,在梳理清末民国时期语文课程标准演变的过程中,也发现了一些值得深思的问题。例如,语文课程标准在历经半个世纪的演变过程中,虽说其框架结构和内容逐步成形和完善,但在整个演变的过程中,强调了对"西学"的全面认定,却忽视了对中国传统文化合乎理性的批判继承,更没有仔细地剖析中国传统语文教育的不足及优点,要在此基础上建立语文知识体系遥遥无期。的确,西方优秀的教育思想及其理念应该吸取,但是语文教育是母语教育,是具有强烈的民族性的教育,这是区别于其他民族的根本特点。也就是说,这一时期的语文课程标准还面临着学习世界各国先进的学制模式或语文课程标准编制与使之适应本国实际、本土化的问题。

清末民国时期语文课程标准的演变过程,说它是我国语文教育近现代化的进程和里程碑也并不为过。我国语文课程标准的颁布或修订,在清末民国初期基本上是每隔十年出现一次,南京国民政府时期平均每隔四年进行一次修订或者编制。总体来看,和我国近代社会的重大变迁相吻合。语文课程标准发展的总方向是不断走向近现代化,不断向上和进步,从壬寅—癸卯学制的几乎全盘袭用日本学制及后来的学习德国学制,到壬子—癸丑学制对清末学制的继承但废除读经科而要实现教育领域的民主共和,再到壬戌学制立足于本国实际地学习美国学制，其提倡民主与科学，扩大地方自主权，注重地方的差异性和多元化，注重学校和社会的联系以及倡导学生个性的发展等，最后是南京国民政府时期多次依据实施反馈的情况进行修改。一方面是其内容与结构的科学性、民主性、实用性日益加强及封建性日益淡化；另一方面则是在语文课程标准编制上国人自主意识不断强化及立足自我、融合中西的层次和水平不断提高。然而，语文教育是母语教育，前面我们也讲到我国的语文教育是有着几千年发展的历史，或者说，几千年来我国的教育是以语文教育为核心，其留下来的优秀经验更是丰富，抛开国外先进的语文教育理念是不可取的，抛弃我国传统语文教育中优秀的经验更是不可能的。因此，我们从清末民国时期语文课程标准的演变可以得到这么几点反思：首先，语文课程标准的编制及其内容在具有国际性的同时，必须本国化，或者说立足本国。所谓立足本国，包含两个方面，一是立足本国的传统；二是立足本国的现实，尤其是不能忽视本国、本民族的文化传统，不能割裂历史。因为我们要编制一个优秀的语文课程标准，不可能是脱离文化历史的凭空创新，而只能是在文化历史传统基础上合乎规律、批判地继承和发展。其次，语文课程标准的制定既要适应社会发展的需要，又要遵循语文教育自身的内在规律，即在强调语文教育受制于政治、经济、文化等众多社会因素的同时，绝对不能忽视语文课程标准的相对独立性和前瞻性。

二、语文课程标准的结构与内容的评价

本书第四章第一节专门论述了清末民国时期语文课程标准在框架结构上的变化：从清末民国初期散见于学制的各个条款中到1923年语文课程标准的独立编制，并初步形成自身的框架结构，到南京国民政府时期其框架结构的逐渐完善和稳定。语文课程标准框架结构的完善与稳定有利于语文教育的发展，有利于教师的理解与接受，也有利于课程标准的宣传、交流与传播，至少在促进语文学科的科学化上是有帮助的。但是在整个清末民国时期，语文课程标准的颁发次数过于频繁及框架结构的临时性、随意性，并且忽视了语文学科的特点，给当时的语文教学带来不少阻碍。如1948年颁布的语文课程标准大大简化了内容和框架。

在课程标准的内容上，本书第四章第二节做了详细的论述。

首先，变换了语文课程的课程目标。清末民国时期语文课程标准中课程目标的变化脉络反映出人们对语文学科的认识存在差异，但是，纵观这时期的语文课程目标，有以下几个共同点：一是都把握了语文学科的工具性，都认为语文学科是以培养学生的听说读写能力为主要任务，并通过语言训练达到对学生德育、美育和思维上的训练，没有偏离语文学科的性质和特点。二是都聚焦于语言文字运用能力的培养，注重言为心声，提倡自由表达思想和情意。三是对白话文的教学越来越重视，文言文教学的要求相对降低，突破了以往语文教学重书面、轻口头、重文言、轻白话的弊端与格局。

其次，逐步完善和丰富了语文课程的教学内容。如小学语文课程的主要教学内容为四大板块："说话、读书、作文、写字"。包括语文教材选文的标准以及选材的分配都有详细的规定。中学则侧重阅读和写作并有详细的规定。

最后，对教学要点的说明与指导从只言片语到详尽、具体，教学方法不断丰富，呈现灵活、多样的特点。当然，这一时期语文课程标准中课程目标和内容的确定也存在不完善之处，如文学教育视野狭窄，忽视了对外国文学的学习和关注。再有就是，纵观整个清末民国时期，更多的是强调语文学科的工具性，而对学生的人文熏陶有所缺失。还有就是教学内容的党性、政治性倾向明显。比如要求选文材料必须加入列举的党义文选。最后是课程目标的陈述技术笼统抽象，导致实践与课程标准要求的错位，如"了解固有文化"一条。

第二节　清末民国时期语文课程标准的借鉴

有人说，清末民国时期的语文课程标准是将近一个世纪之前的东西，况且时代背景不同，有什么可值得借鉴的呢？这话有一定的道理，但不完全对，研究清末民国时期的语文课程标准，并不是要去照搬它们，而是去发现语文教育及语文课程标准在编制和实施上的规律性的东西。前面我们在分析清末民国时期语文课程标准的内容的时候，就发现语文新课程标准的许多内容都在清末民国时期语文课程标准中有所体现。

一、语文新课程标准对清末民国时期语文课程标准的继承与超越

这里的语文新课程标准是指 2001 年颁布的《全日制义务教育语文课程标准（实验稿）》及《义务教育语文课程标准（2011 年版）》和 2003 年颁布的《普通高中语文课程标准（实验）》。其实，我们前面在对清末民国时期语文课程标准的框架与内容进行分析的时候就已经发现，21 世纪我国颁布的语文新课程标准并不全新，而是或多或少地存在对一百多年来语文课程标准内容与形式的继承与发展。

（一）语文新课程标准对清末民国时期语文课程标准的继承

1. 对语文学科工具性质的坚持

前面我们已经说到，从 1904 年语文学科正式独立起，到 1948 年的语文课程标准，语文课程最重要的目标是重视对语言文字运用能力的培养，提倡言文一致，自由地发表思想感情。如《奏定学堂章程》认为语文学习的目的是"供谋生应世之要需""以备应世达意之用"，民国初期的国文要旨是"使儿童学习普通语言文字，养成发表思想之能力"，再到 1923 年语文课程标准的"练习运用通常的语言文字"，及后来的"练习运用本国的标准语，以为表情达意的工具"。我们再来看《义务教育语文课程标准（2011 年版）》对语文学科性质的界定："语言文字是人类最重要的交际工具和信息载体，是人类文化的重要组成部分。语言文字的运用，包括生活、工作和学习中的听说读写活动以及文学活动，存在于人类社会的各个领域。工具性与人文性的统一，是语文课程的基本特点。"[①]这里语文新课程标准所提到的"工具性"是着眼于语文课程培养学生语文运用能力的实用功能和课程的实践特点。新修订的《义务教育语文课程标准（2011 年版）》聚焦于"语言文字的运用"，提出"语文课程致力于培养学生的语言文字运用能力，提

[①] 教育部. 义务教育语文课程标准（2011 年版）[S]. 北京：北京师范大学出版社，2012：1.

升学生的综合素养，为学好其他课程打下基础"①。

2. 对语文课程理念的继承

第一，体现在都强调语文素养的养成。清末民国时期语文课程标准以 1929 年《小学课程暂行标准小学国语》的课程目标为例：练习国语并使用国语表情达意及与人交流；学习简易的语体文，获得阅读儿童图书的能力并且阅读有一定的速度；阅读和欣赏儿童文学，培养学生的想象力，在阅读的过程中涵养性情，提高学生对阅读的兴趣等；练习写字，有一定的速度并且正确清楚匀称。语文新课程标准则明确地提出全面提高学生的语文素养，认为："语文课程应激发和培育学生热爱祖国语文的思想感情，引导丰富语言的积累，培养语感，发展思维，初步掌握学习语文的基本方法，养成良好的学习习惯，具有适应实际需要的识字写字能力、阅读能力、写作能力、口语交际能力，正确运用祖国语言文字。语文课程还应通过优秀文化的熏陶感染，促进学生和谐发展，使他们提高思想道德修养和审美情趣，逐步形成良好的个性和健全的人格。"②可以看出，语文新课程标准和清末民国时期语文课程标准都提出学生语文素养的养成。

第二，都强调要把握语文教育的特点。虽然清末民国时期语文课程标准并没有明确提出，但是从我们对它的内容的分析来看，它要求阅读教材在选文上应选择"积极前进，乐观解放"，"提倡合作，互助，勇敢，劳动，规律"，"有曲折有含蓄而且优美壮美等的文学作品"。③这和语文新课标重视语文的熏陶感染作用、重视教学内容的价值取向以及尊重学生在学习过程中的独特体验上大同小异。如"阅读是学生的个性化行为，不应以教师的分析来代替学生的阅读实践"。同时着重培养学生的语文实践能力和把握汉语言文字的特点是语文新课程标准和清末民国时期语文课程标准共同强调的。

---

① 教育部. 义务教育语文课程标准（2011 年版）[S]. 北京：北京师范大学出版社，2012：1.

② 教育部. 义务教育语文课程标准（2011 年版）[S]. 北京：北京师范大学出版社，2012：2.

③ 课程教材研究所. 20 世纪中国中小学课程标准·教学大纲汇编（语文卷）[G]. 北京：人民教育出版社，2001：19.

第三，都强调依据学生的身心特点，培养学生阅读兴趣及习惯。这点在我们分析清末民国时期语文课程标准的课程目标就可以看出，如"涵养文学之兴趣"，"增长阅读图书的兴趣"，"依据儿童心理，尽量使教材切于儿童生活和儿童阅读能力及兴趣"①，"设法引起学生读书之兴趣，并指示阅读之方法及参考书籍"②等。语文新课程标准也提出，"喜欢阅读，感受阅读的乐趣"，"应该根据不同学段学生的特点和不同的教学内容，采取合适的教学策略，促进学生语文素养的整体提高"③。

3. 对语文教学方法的继承

首先是"整体感知"和"感悟"。这里主要是指关于文学作品的教学方法。如1932年小学课程标准国语在"教学要点"中提到，"读书教学，要先全体的概览而后局部的分析，先内容的吸取而后形式的探求，先理解而后记忆"④。语文新课程标准也提出，"在教学中尤其要重视培养语感和整体把握的能力"。

其次，都重视"朗读""诵读""默读""略读"和"精读"等阅读方法。前面已有分析，这里不再赘述。

最后，都倡导研究性学习或探究性学习。1932年、1936年、1940年颁布的初级中学国文课程标准中的"实施方法概要"都提到，"就学生所读书籍中，提出问题，令其作有系统的研究"。语文新课程标准尤其在阅读教学中要求，"逐步培养学生探究性阅读和创造性的阅读的能力，提倡多角度的，有创意的阅读，利用阅读期待、阅读反思和批判等环节，拓展思维空间，提高阅读质量"⑤。

---

① 课程教材研究所. 20世纪中国中小学课程标准·教学大纲汇编（语文卷）[G]. 北京：人民教育出版社，2001：34.
② 课程教材研究所. 20世纪中国中小学课程标准·教学大纲汇编（语文卷）[G]. 北京：人民教育出版社，2001：307.
③ 教育部. 义务教育语文课程标准（2011年版）[S]. 北京：北京师范大学出版社，2012：21.
④ 课程教材研究所. 20世纪中国中小学课程标准·教学大纲汇编（语文卷）[G]. 北京：人民教育出版社，2001：28.
⑤ 教育部. 义务教育语文课程标准（2011年版）[S]. 北京：北京师范大学出版社，2012：22.

4. 对价值观的正确导向是新旧语文课程标准不变的追求

无论是清末民国时期的课程改革，还是新时期的基础教育课程改革，都把学生品德的发展、价值引导作为课程改革的重要目标。清末癸卯学制提出读经的目的就是培养学生的封建道德，民国初期国文要旨就明确提出语文学习要"兼以启发智德"，1929年之后的语文课程标准在教材纲要中都要求教材富有牺牲及互助的精神，不得选用含有自私、消极、悲观等的教材及选用关于党义的教材。语文新课程标准就直接提出，"重视情感、态度、价值观的正确导向"[①]。"在语文学习过程中，培养爱国主义、集体主义、社会主义思想道德和健康的审美情趣，发展个性，培养创新精神和合作精神，逐步形成积极的人生态度和正确的世界观、价值观。"[②]

（二）语文新课程标准对清末民国时期语文课程标准的超越

结合前面对清末民国时期语文课程标准框架结构的分析，以及对语文新课程标准的分析，我们可以发现，语文新课程标准在以下几个方面有所创新。

1. 课程标准框架结构上的创新

"语文新课程标准的框架结构主要包括前言、课程目标、实施建议、附录等四大部分。"[③]"课程目标主要根据知识和能力、过程和方法、情感态度和价值观三个维度设计。三个方面相互渗透，融为一体，注重语文素养的整体提高。"[④]总的来讲，新课程标准主要分总目标和阶段目标或必修、选修目标来进行陈述。实施建议部分主要对教材编写、课程资源的开发与利用、教学及评价提出实施的建议。附录部分主要

---

① 教育部. 义务教育语文课程标准（2011年版）[S]. 北京：北京师范大学出版社，2012：20.
② 教育部. 义务教育语文课程标准（2011年版）[S]. 北京：北京师范大学出版社，2012：6.
③ 陈雅风. 余映潮语文阅读教学实践价值研究[D]. 昆明：云南师范大学，2013：85.
④ 教育部. 义务教育语文课程标准（2011年版）[S]. 北京：北京师范大学出版社，2012：6.

是关于优秀诗文背诵推荐篇目、课外读物的建议及语法修辞知识要点或选修课程举例。从语文新课程标准的框架结构来看，相比清末民国时期语文课程标准的框架结构，有以下几个特点：一是有明确的课程设计思路。九年义务教育语文课程目标的设计思路是九年一贯整体设计，分总目标和针对四个学段提出阶段目标。高中语文课程的设计分选修课程和必修课程，以模块组织学习内容是其特色。二是把过程与方法作为语文课程目标之一是语文课程标准的突出特点之一。三是第一次对语文课程的性质与地位、课程理念做出明确的定性。四是第一次正式地把"课程资源的开发与利用"纳入语文课程之中。

2. 课程标准内容上的拓展和突破

首先，在课程性质的定性上摆脱长期以来关于语文课程性质的争论，正面论述语文的课程性质和地位，指出语文课程应致力于学生语文素养的形成和发展。其次，在课程理念的论述上致力于语文课程内容的革新，强调课程的现代性和创新性，强调从语文课程的特点出发实施语文教育。致力于教学方式的革新，大力倡导自主、合作、探究的学习方式。最后，单独提出综合性学习的要求，重视语文课程的综合性，重视语文和其他课程的联系。

二、清末民国时期语文课程标准的借鉴

应该说，相比清末民国时期的语文课程标准，语文新课程标准无论是在课程标准的框架结构上，还是在课程标准的内容上，都有明显的进步和超越。但是，经过多年语文课程标准的实施，在内容和形式上、读者对象设计上仍然存在不足和缺陷。如：语文课程标准的读者主要有哪些？通过对语文新课程标准的分析及实施情况来看，目前语文新课程标准的主要读者是教师和相关的研究者。这与语文课程改革的理念有些落差，新课程改革提倡"为了每位学生的发展"的理念，因此，语文课程标准的读者之一应该有学生，此外还有学生的家长，这样才能发挥家庭、学校、学生三位一体的综合作用，以利于语文课程标准的实施，进而改进语文教学。在框架结构和内容上，也存在或多或少的问题和不足。针对这些问题，应该怎么解决呢？从前面几章

对清末民国时期语文课程标准的发展演变及内容与框架的分析中，我们可以得到一些启示。

（一）清末民国时期语文课程标准在框架上的借鉴

通过前面对清末民国时期语文课程标准框架结构的分析，我们可以得到下面的启示。

1. 增设"内容标准"板块，增强课程标准的操作性

我国语文新课程标准没有内容标准，取而代之的是阶段性目标。但在实际的操作过程中，阶段目标无法有效地成为指导教师教学和评价学生的工具。没有内容标准导致语文知识内容的笼统、抽象而无法给教材编写者以明确的导向和限制，教师想在课程标准的基础进行课程的开发也无所依托。比如阅读，在语文新课程标准中只有原则性的建议或目标，而没有教材内容与形式方面的内容标准。在民国时期的语文课程标准中，每一部课程标准在界定"听、说、读、写"的总目标和阶段性目标后，都有一个在程度上具有层次性和递进性的内容标准。

2. 增加术语解释表

术语解释表是语文新课程标准所没有的。语文新课程标准一直因为概念含糊、术语没有明确的解释而常常引起误解和争论。清末民国时期的语文课程标准则对课程标准中涉及的比较难以理解的术语进行解释，诸如对读书教材各种文体的说明，阅读分为精读和略读，对什么是精读和略读做了明确的解释，以及精读和略读到底读什么或读到什么程度都有易于教学的解释。而且常常用"注"的形式来对术语进行解释，这样利于读者阅读和接受。

3. 增加精读和略读书目的推荐及阅读方法上的指导

语文新课程标准只有一个"关于课外读物的建议"，只是列举了一些中外名著篇目，而缺乏阅读方法上的指导。比如哪些读物属于精读，又有哪些读物是略读，精读和略读又该怎么读，并没有阅读方法上以及评价上的指导。民国时期语文课程标准除了推荐精读和略读的相关读物外，都有教学和方法上的明确指导。总之，一个完善的课程标准框架，一要有利于教学的开展，二要有利于各种读者的理解与接受，

三要有利于课程标准的宣传和交流。毕竟课程标准的读者并不只是教师,还有学生、家长以及相关人员。这样才能避免出现教师已经进入新课改,而学生、家长不知新课改为何物的尴尬局面。

(二)语文课程标准内容编排上的借鉴

通过前面对清末民国时期语文课程标准内容的分析,我们可以得到下面的启示。

1. 对课程目标设定的启示

首先,课程目标的设计应灵活性与操作性相统一。"课程标准作为量度教育质量的一条准绳,作为评价的依据,它首先就应该是具体明确、可操作的。"[①]语文新课程标准对课程目标的设定分总目标和阶段性目标,应该说,语文新课程标准对总目标和阶段性目的的设定弹性很大,但不易于实际的操作。比如写字在义务教育第一学段的目标之一是"养成正确的写字姿势和良好的写字习惯",至于正确的写字姿势和良好的写字习惯具体是什么则不得而知。良好的课程目标陈述有利于实现课程目标的具体和可测要求。

其次,课程目标的设定应关注所有学生,包括对特殊学生的关注,如民国时期语文课程标准对具有文学天才的学生的关注。

最后,课程目标的设定应体现语文学科的特殊性和汉语言文字的特点。换句话说,要重视语文课程的基本属性,也就是它的工具性。语文新课程标准提出,"语文是最重要的交际工具,是人类文化的重要组成部分"。从清末民国时期语文课程标准中课程目标的变化脉络来看,一直重视语言文字的训练,培养学生的语文能力,进而引导学生拥有正确的情感态度和价值观。

2. 对教学内容安排的启示

第一,完善语文知识体系的建构。当然,这里并不是指把关于语言学、修辞学、文学等知识原封不动地照搬进语文课程标准。问题的实质不在于要不要语文知识,而是需要建构什么样的语文知识。语文

---

① 钟启泉,崔允漷,张华.基础教育课程改革(试行)解读.[M].上海:华东师范大学出版社,2001:178.

新课程标准提出，工具性和人文性的统一是语文课程的基本特点，但在实施过程中，我们过分地追求人文性，导致顾此失彼，从一个极端跑到另一个极端。清末民国时期对语文知识的建构或许能给我们带来启示，小学主要是确立以听、说、读、写为核心的语文知识体系。中学则是以读、写、研究为核心的语文知识体系。

第二，加强文学教育。清末民国时期的文学教育是从经学教育中分离出来的，从最早在癸卯学制中对古诗歌教学的规定及"中国文学科"的开设，到民国时期小学侧重儿童文学的欣赏，及中学对中国文学名著的欣赏与研究，开始学习白话文学到白话文学和古代文学名著并重，这一过程正是我国文学教育演变的过程。给予我们的启示是，除了培养叙事欣赏文学的兴趣和指导方法外，还应培养学生欣赏文学的能力。在小学，清末民国时期的语文课程标准对文学教育的规定侧重在培养学生欣赏各种体裁的儿童文学，这符合儿童的心理，适应儿童的生活，切合儿童阅读的能力和兴趣。在中学，文学教育的主要目标是引起学生研究中国文学的兴趣，培养欣赏中国文学名著的能力及文学创作能力。应该说，清末民国时期的语文课程标准最终奠定了今天文学教育发展的基础。给予我们另外一个启示：对中外文学作品的教学，重在玩味或感受、欣赏或鉴赏，而不是将其肢解式地分析。

第三，加强实用文的写作。语文新课程标准中涉及实用文的写作就是三句话，"能用简短的书信便条进行书面交际"，"学写常见应用文"，"根据生活需要，写日常应用文"。而高中语文课程标准则没有明确的规定，即便在全国性的考试高考中，应用文很少作为考试的内容。语文教学的最基本目标之一是使学生的所学合于现实生活，并用于社会生活。因此，清末民国时期语文课程标准对实用文写作的重视值得借鉴，如要求会写书札、契据、章程、广告及普通公文等，这些都是和生活实际密切相关的。

第四，对口语交际教学内容要求上的启示。主要有：其一，重视口语交际话题的选择。口语交际话题要符合儿童的心理，合乎儿童的生活。如民国时期小学语文课程标准在对口语交际教学要求的规定上，就有在日常的会话上，要选择有趣味的事情和题目的语料；在故事的讲述上，选择合乎儿童生活及科学精神的语料；在问答、报告的练习上，要求从生活中选定语料；在演说、辩论的练习上，教师给定一定的语料或学生自己组织。总的来说，注意引导学生尽可能从生活中选取自己身边发生的事。其二，注重演说、辩论的练习。通过分析，发现清末民国时期口语交际教学在内容上很重视学生演说、辩论能力的培养。而这两项在培养学生口语交际能力上发挥了很大的作用。其三，重视教师在口语交际教学过程中的指导作用。学生容易说错的音或字词，教师要根据发音部位指导矫正。其四，专门编写口语交际教材。今天我们的语文教材当中，并没有单独编写口语交际教材，而是合编于综合性教材当中，导致教师在进行教学时不自觉地忽视口语交际的重要性。清末民国时期的语文课程标准虽未明确要求单独编写听说教材，但是要求教师自己预编听说教材且有听说教学课时。其五，口语交际评价方式应多样化。由于在正式的考试中没有口语交际的考查，但这并不意味着口语交际不重要，而是要在语文教学及生活实践中通过多种形式来考查和锻炼学生的口语交际能力。

第五，培养学生的研究意识和知识产权意识。民国时期中学语文课程标准对于"文章法则"的学习要求是"采用适当材料，预使学生自由研究，以便定期在课室内讲解讨论"。高中语文学习的一项重要内容，"专题研究"，其要求是"提出研究题目，由学生搜集资料，试写论文，应注意其思想之条理与材料之排列等"。这个具有研究性学习的味道。有人说综合性学习是当代从外国借鉴来的经验，实际上在清末民国时期就已经有了综合性学习或研究性学习的萌芽了。这些都有益于培养学生的研究意识及从事研究的能力。培养学生的知识产权意识，这主要体现在对精读和略读方法指导上，无论是精读还是略读，清末民国时期的语文课程标准都会指示阅读的方法及参考书籍。而对别人成果的尊重和具备保护自己的知识产权的意识正是今天我们学生所缺乏的。

第六，加强书法教育，完善书法教学内容。清末民国时期语文课程标准对中小学都规定了书法教学或指导的相关内容和要求，且从小学低年级开始就练习毛笔字兼习硬笔字，但是从小学高年级开始一直都是在训练毛笔字和利用各种形式显性地或隐性地开展书法教育。在隐性方面，这里可以举一个例子，就是民国时期叶圣陶编的《开明国语课本》，整套教材的内容都是请书法家丰子恺用各种书法字体书写的。学生每学一篇课文，都能欣赏不同的书法。相比今天，几乎所有的语文教材都是电脑设计好的，虽然互联网技术的普及应用可以提高学习的效率、开阔学生的眼界，但也降低了中小学生的汉字书写应用能力。以往我国 90%以上的中小学都没有开设书法课，即便部分中小学设了书法课，但效果不尽如人意。① "2011 年 5 月，《2010 年中国语言生活状况报告》发布。该报告指出，学生汉语能力下降，随着信息化时代的到来，学生汉字书写能力也在退化。一项对首都部分大学生汉语应用能力的测试显示，不及格的占 30%，得分在 70 分以下的占 68%。" ②从上述两个数据的统计可以看出重提书法教育的重要性，一方面可以提高学生的书写能力，另一方面书法有涵养性情以及培养学生审美观念的作用。同时，书法对中华民族优秀文化的传承具有重要意义。"书法是中华民族的文化瑰宝，是人类文明的宝贵财富……是传承中华民族优秀文化，培养爱国情怀的重要途径；是提高学生汉字书写能力，培养审美情趣，陶冶情操，提高文化修养，促进全面发展的重要举措。"③教育部《关于中小学开展书法教育的意见》(教基二〔2011〕4 号) 对书法教学的要求是, "明确写字的基本要求。书法教育应培养学生正确的写字姿势，养成良好的书写习惯；一至三年级着重培养学生硬笔书写能力，首先要能使用硬笔熟练地书写正楷字，做到规范、端正、整洁；随着年级升高，逐步要求行款整齐，力求美观，并学写规范、通行的行楷字，提高书写速度。三年级开始，过渡到硬笔软笔兼学。其次，明确使用毛笔书写的基本要求。学生要用毛笔书写楷书，临摹名家书法；大致了解书法历史和汉字字体源流；从书法作品的内涵、章法、结构、笔法等方面鉴赏历代重要书法家作品，培养初步的

---

① 保护汉字，书法课只是开端[N/OL]. 光明日报，[2011-09-21][2011-10-28]. http：//news. xinhuanet. com/edu/2011-09/21/c_122063870. htm.

② 李佳. 中小学生汉字书写能力退化，教育部要求增书法课[N/OL]. 北京晨报，[2011-08-27][2011-10-28]. http：//news. xinhuanet. com/edu/2011-08/27/c_121919785. htm.

③ 教育部. 教育部关于中小学开展书法教育的意见[EB/OL]. [2011-08-26][2011-10-28]. http：//news. xinhuanet. com/edu/2011-08/26/c_121916037. htm.

书法欣赏能力，提高审美情趣。"①当然，意见中规定的书法教学要求和书法教学内容是在语文新课程标准的基础上充实的，但明显能看到传统语文教育对今天写字教学或书法指导课内容与要求的影响。

  行文至此，我们必须明白一个事实和前提，无论语文课程标准的理念和内容多么符合语文课程的特点，多么有利于促进语文教育尤其是语文教学的发展及学生语文素养的提高，最根本的一个前提是教师专业素养的提高，这也是语文课程标准得以成功实施的最重要的前提条件。清末民国时期的语文教师，有相当一部分人具有深厚的文化底蕴，有的甚至学贯中西。诸如朱自清、叶圣陶、夏丏尊、胡适等人，都做过中小学语文教师。总体而言，清末民国时期的语文课程标准是当时人们对语文学科认识上的逐步成熟和完善，是当时人们综合优秀的中外教育理论、社会需求、学生特点三者的结晶，虽有不足之处，但对今天语文课程标准的编制、完善和实施有着借鉴之实。

---

① 教育部. 教育部关于中小学开展书法教育的意见[EB/OL]. [2011-08-26] [2011-10-28]. http://news.xinhuanet.com/edu/2011/08/26/c_121916037.htm.

第八章 结 语

美国著名社会学家希尔斯曾经说过，任何改革都逃脱不了过去的掌心。的确，"任何一场改革都是针对传统而来，都是要革除传统中不合时宜的东西，但改革又深深地植根于传统。抛开传统，改革就无从谈起。作为世代相传、从过去流传下来并影响至今的东西，传统可能给改革带来阻力，但它同时也可能给改革提供助力。关键在于：我们如何去认识与挖掘传统。"[①]中国语文教育有着几千年的历史，有着它自身的特点，我国语文教育传统是在历代语文教育的演进中积淀并流传下来的教育文化成果。我们当代语文教育中存在诸多失误，发生的诸多争论，细究起来，其实是和我们对近代以来的语文教育缺乏了解有关。因此，总结和思考以往的语文教育以及审视以往的语文课程标准，对今天的新课改有着重要的现实意义。

本书的研究立足国内，从清末民国时期的语文课程标准入手，首先对晚清时期传统语文教育出现的危机和语文课程的变革做出关于"环境"与"历史"上的梳理。从教会学校的"宗教加国学"式的课程设置，到洋务运动语文课程披上"中体西用"的底色，在维新运动时期语文课程逐渐从经史子集中脱离出来并出现单独设科的趋势，近现代化的语文课程开始显现它的雏形，也为壬寅—癸卯学制的制定和实施奠定了一定的基础。其次，对我国语文课程标准在清末民国时期的演变作梳理。语文课程这个既古老而又年轻的学科，标志它近现代化的语文课程标准却是在清末民国时期逐渐成形，并发展完善。任何一次语文课程标准的制定或修订都是建立在前人的基础上，语文课程本身就是人类文化的重要组成部分，语文课程标准的演变过程也体现一个民族文化的传承性。最后，在交代完晚清语文教育及清末民国时期

---

① 宋灏江，刘正伟. 承传与创新：新课程与语文教学传统[J]. 中学语文教学参考，2003（11）.

语文课程标准的演变之后，顺理成章地对清末民国时期语文课程标准的框架结构和内容做了详细的分析。主要对这一时期语文课程标准的框架结构、课程目标、教学内容（包括阅读、写作、口语交际、写字四大项）分别做出学理的客观的分析。本着古为今用的原则，在对清末民国时期语文课程标准的内容和形式进行分析之后，做出理性的评价，并找出这一时期语文课程标准对今天语文课程标准的编制以及内容完善上的借鉴之处。任何一次课程改革都不能脱离本国传统，应立足本国现实，完善语文课程标准的框架结构，如对阶段性目标的具体化或内容化，增加术语解释表等，以及在教学内容的安排上，完善语文知识体系的建构，加强文学教育和实用文写作，完善口语交际教学的内容以及加强对方法、评价方式的指导和多样化，提高学生的研究能力和知识产权意识，加强书法教育在语文教育中的地位。

总之，本书试图从清末民国时期语文课程标准入手，在探讨这一时期我国语文教育发展及语文课程标准演变的基础上，对清末民国时期语文课程标准的内容与形式进行文本分析，然后对清末民国时期的语文课程标准进行评价，力求对今后语文课程标准的修订和完善有所借鉴与启示。

附 录

关于2011年版义务教育语文课程标准对语文教学的影响度调查

尊敬的各位语文教师：

您好！

  2011年版义务教育语文课程标准是在2001年《全日制义务教育语文课程标准（实验稿）》使用十年的基础上进行修订的。对课程标准进行适时修订是国内外通行的做法，也是总结2001年版语文课程标准使用过程中的经验和教训，有利于使语文课程的内容和教学方式更加符合语文学科教学的特点，逐步提高语文教学质量的重要举措。为更加充分发挥2011年版义务教育语文课程标准对语文教学的促进作用，特进行此次调查。此次调查无须署名。谢谢各位一线教师的大力支持！

贵州省社科规划课题课题组

学校所在地区_____学校名称_____
任教科目_____任教年级_____本人职称_____

  1. 您是否认真研读过《义务教育语文课程标准（2011年版）》？（ ）

    A. 是   B. 否

  2. 您是从哪些渠道获得《义务教育语文课程标准（2011年版）》文本的？（ ）

    A. 自己购买 B. 参加培训 C. 网络下载

  3. 2011年版义务教育语文课程标准对您的语文教学有什么影响？（ ）

A. 很大　　　　B. 一般　　　　C. 较小　　D. 没有任何影响

4. 相比较 2001 年版义务教育语文课程标准，2011 年版义务教育语文课程标准最大的变化是（　　）。

　　A. 明确了"语文"的定义

　　B. 增加了书法教育的内容

　　C. 聚焦于"培养学生的语言文字运用能力

　　D. 强调多读和积累

5. 相比较 2001 年版义务教育语文课程标准，2011 年版义务教育语文课程标准在"识字写字"上强调"多认少写"，在各个学段相应减少会认会写汉字的数量，您是否认同此做法？（　　）

　　A. 非常赞成，有利于学生尽快进入阅读

　　B. 不赞成，不利于学生双基的夯实

　　C. 无所谓，因为对我的识字写字教学没有影响

　　D. 赞成，但是会根据不同的学生适当调整

6. 《义务教育语文课程标准（2011 年版）》强调语文课程对传承和弘扬中华民族优秀文化传统的作用，您在语文教学时是否关注到这一点？（　　）

　　A. 有关注，且融入语文教学中　　　　B. 没有

7. 《义务教育语文课程标准（2011 年版）》要求在第一、第二、第三学段，要在每天的语文课中安排 10 分钟的写字训练，您在实际教学中（　　）。

　　A. 完全执行　　　　B. 偶尔执行　　　　C. 几乎没有实行过

8. 《义务教育语文课程标准（2011 年版）》出现"非连续性文本"，您能真正理解"非连续性文本"的实际含义吗？（　　）

　　A. 是　　　　　　B. 半知半解　　　　C. 不懂

9. 《义务教育语文课程标准（2011 年版）》强调"关注学生通过多种媒介的阅读"，您所在班级的学生阅读的媒介有（　　）。（多选题）

　　A. 纸质书籍　　　　B. 电子书　　　　　C. 手机

　　D. 其他移动设备　　E. 电脑

10. 《义务教育语文课程标准（2011 年版）》强调语文课程资源的开发，您所在的学校是否有自己的校本教材或地方教材？（　　）

A. 有 B. 没有 C. 正在建设中

11. 对于《义务教育语文课程标准（2011年版）》"优秀诗文背诵推荐篇目"中的篇数和内容，您是否有过补充推荐？（ ）

A. 有过 B. 没有

12. 相比较2001年版义务教育语文课程标准，2011年版义务教育语文课程标准在"附录"部分增加了"识字、写字教学基本表""义务教育语文课程常用字表"，您觉得是否有必要？（ ）

A. 有必要，有利于夯实学生的双基

B. 没必要，对学生的语文能力增长影响甚微

C. 无所谓，因为没有认真研读

13. 您认为《义务教育语文课程标准（2011年版）》需要改进的地方有哪些？

参考文献

一、专著

[1] 李桂林.中国现代教育史教学参考资料[M].北京:人民教育出版社,1987.

[2] 吕达.课程史论[M].北京:人民教育出版社,1999.

[3] 课程教材研究所.20世纪中国中小学课程标准·教学大纲汇编·语文卷[G].北京:人民教育出版社,2001.

[4] 毛泽东.毛泽东选集(第一卷)[M].北京:人民出版社,1991:301.

[5] 钟启泉.现代课程论(新版)[M].上海:上海教育出版社,2003.

[6] 于述胜.中国教育制度通史(第七卷)·近代分卷[M].济南:山东教育出版社,2000.

[7] 申晓云.动荡转型中的民国教育[M].郑州:河南人民出版社,1994.

[8] 陈侠.课程论[M].北京:人民教育出版社,1989.

[9] 钟启泉,等.为了中华民族的复兴,为了每位学生的发展:基础教育课程改革纲要(试行)解读[M].上海:华东师范大学出版社,2001.

[10] 王策三.教学论稿[M].北京:人民教育出版社,2001.

[11] 课程教材研究所.20世纪中国中小学课程标准·教学大纲汇编·课程(教学)计划卷[M].北京:人民教育出版社,2001.

[12] 朱有瓛.中国近代学制史料[M].上海:华东师范大学出版社,1983.

[13] 舒新城.中国近代教育史资料(上册、中册、下册)[M].北京:人民教育出版社,1963.

[14] 孙培青.中国教育史[M].上海:华东师范大学出版社,2000.

[15] 陈学恂.中国近代教育史教学参考资料(上册、中册、下册)[M].

北京：人民教育出版社，1986.

[16] 顾黄初. 语文教育论稿[M]. 北京：人民教育出版社，1995.

[17] 曹明海，潘庆玉. 语文教育思想论[M]. 青岛：青岛海洋大学出版社，2002.

[18] 张传燧. 解读中国近现代教育思想[M]. 广州：广东教育出版社，2009.

[19] 巢宗祺，等. 全日制义务教育语文课程标准（实验稿）解读[M]. 武汉：湖北教育出版社，2009.

[20] 王文彦，蔡明. 语文课程与教学论[M]. 2版. 北京：高等教育出版社，2002.

[21] 璩鑫圭，唐良炎. 中国近代教育史资料汇编·学制演变[M]. 上海：上海教育出版社，2007.

[22] 张哲英. 清末民国时期语文教育观念考察：以黎锦熙、胡适、叶圣陶为中心[M]. 福州：福建教育出版社，2011.

[23] 田正平. 中国教育史研究（近代分卷）[M]. 上海：华东师范大学出版社，2009.

[24] 高奇. 中国教育史研究（现代分卷）[M]. 上海：华东师范大学出版社，2009.

[25] 张承明. 中外语文教育比较研究（修订版）[M]. 昆明：云南教育出版社，2005.

[26] 张承明. 语文教材与教学案例研究[M]. 昆明：云南科技出版社，2002.

[27] 张承明. 现代语文教育新论[M]. 昆明：云南美术出版社，1993.

[28] 张承明. 中学语文教法研究[M]. 昆明：云南教育出版社，1998.

[29] 张承明. 语文教学论[M]. 昆明：云南民族出版社，2001.

[30] 王荣生. 语文科课程论基础[M]. 2版. 上海：上海教育出版社，2005.

[31] 商衍鎏. 清代科举考试述录[M]. 北京：生活·读书·新知三联书店，1958：225.

[32] 韩军. 韩军与新语文教育[M]. 北京：北京师范大学出版社，2006.

[33] 李华兴. 民国教育史[M]. 上海：上海教育出版社，1997.

[34] 陶本一. 学科教育学[M]. 北京：人民教育出版社，2002.

[35] 李海林. 语文教育研究大系·理论卷（1978—2005）[M]. 上海：上海教育出版社，2005.

[36] 李杏保，顾黄初. 中国现代语文教育史[M]. 成都：四川教育出版社，2004.

[37] 朱绍禹，庄文中. 本国语文[M]. 北京：人民教育出版社，1999.

[38] 钟启泉. 学科教学论基础[M]. 上海：华东师范大学出版社，2001.

[39] 姜朝晖. 民国时期教育独立思潮研究[M]. 北京：中国社会科学出版社，2008.

[40] 王荣生. 听王荣生教授评课[M]. 上海：华东师范大学出版社，2007.

[41] 倪文锦，谢锡金. 新编语文课程与教学论[M]. 上海：华东师范大学出版社，2006.

[42] 倪文锦. 小学语文新课程教学法[M]. 北京：高等教育出版社，2003.

[43] 倪文锦. 初中语文新课程教学法[M]. 北京：高等教育出版社，2003.

[44] 倪文锦. 高中语文新课程教学法[M]. 北京：高等教育出版社，2004.

[45] 潘新和. 新课程语文教学论[M]. 北京：人民教育出版社，2005.

[46] 施良方. 课程理论——课程的基础、原理与问题[M]. 北京：教育科学出版社，2000.

[47] 龚自珍. 龚自珍全集[M]. 北京：中华书局，1968：344.

[48] 倪文锦. 语文教育展望[M]. 上海：华东师范大学出版社，2002.

[49] 教育部基础教育司. 全日制义务教育语文课程标准解读[M]. 武汉：湖北教育出版社，2002.

[50] 王富仁，郑国民. 语文教育与文学：当代语文教育论争[M]. 广州：广东教育出版社，2006.

[51] 教育部基础教育司. 走进新课程——与课程实施者对话[M]. 北京：北京师范大学出版社，2002.

[52] 顾黄初，李杏保. 二十世纪前期中国语文教育论集[M]. 成都：四

川教育出版社，1991.
[53] 顾黄初，李杏保. 二十世纪后期中国语文教育论集[M]. 成都：四川教育出版社，2000.
[54] 熊明安. 中华民国教育史[M]. 重庆：重庆出版社，1999.
[55] 闫苹，张雯. 民国时期小学语文教科书评介[M]. 北京：语文出版社，2009.
[56] 教育部基础教育司. 语文课程标准研修[M]. 北京：高等教育出版社，2004.
[57] 张念宏. 教育学词典[M]. 北京：北京出版社，1987.
[58] 潘新和. 语文回望与沉思：走进大师[M]. 福州：福建人民出版社，2008.
[59] 潘新和. 语文：表现与存在（上、下）[M]. 福州：福建人民出版社，2004.
[60] 陈学恂. 中国近代教育大事记[M]. 上海：上海教育出版社，1987.
[61] 李定仁，徐继存. 课程论研究二十年（1979—1999）[M]. 北京：人民教育出版社，2005.
[62] 李定仁，徐继存. 教学论研究二十年（1979—1999）[M]. 北京：人民教育出版社，2006.
[63] [美]泰勒. 课程与教学的基本原理（万千教育）[M]. 罗康，张阅，译. 北京：中国轻工业出版社，2008.
[64] 张华. 课程与教学论[M]. 上海：上海教育出版社，2000.
[65] 全国十二所重点师范大学联合编写. 课程论[M]. 北京：教育科学出版社，2007.
[66] 王策三. 教学论稿[M]. 2版. 北京：人民教育出版社，2005.
[67] 袁振国. 教育新理念[M]. 北京：教育科学出版社，2002.
[68] 丁钢. 历史与现实之间：中国教育传统的理论探索[M]. 北京：教育科学出版社，2002.
[69] 丁钢. 文化的传递与嬗变：中国文化与教育[M]. 桂林：广西师范大学出版社，2009.
[70] 丁钢. 全球化视野中的中国教育传统研究[M]. 桂林：广西师范大学出版社，2009.

[71] 王世堪. 中学语文教学法[M]. 2版. 北京：高等教育出版社，2005.

[72] 朱绍禹. 中学语文课程与教学论[M]. 北京：高等教育出版社，2005.

[73] 闫苹. 中学语文名篇的时代解读[M]. 广州：广东教育出版社，2007.

[74] 叶圣陶. 叶圣陶教育名篇[M]. 北京：教育科学出版社，2007.

[75] [英]怀特海. 教育的目的[M]. 徐汝舟译. 北京：生活·读书·新知三联书店，2002.

[76] [英]费正清. 剑桥中华民国史（上、下）[M]. 谢亮生，译. 北京：中国社会科学出版社，2006.

[77] 黎锦熙. 新著国语文法[M]. 长沙：湖南教育出版社，2007.

[78] 柳士镇，洪宗礼. 中外母语教材选粹[M]. 南京：江苏教育出版社，2000.

[79] 刘正伟. 国际语文课程与教学比较[M]. 杭州：浙江大学出版社，2008.

[80] 张定远. 重读叶圣陶·走进新课标·教是为了不需要教[M]. 武汉：湖北教育出版社，2004.

[81] 陈玉秋. 语文课程与教学论[M]. 桂林：广西师范大学出版社，2004.

[82] 刘华. 经典语文教育研究[M]. 北京：人民教育出版社，2008.

[83] 李大圣. 百年反思：语文育人功能检视[M]. 桂林：广西师范大学出版社，2006.

[84] 张中原，徐林祥. 语文课程与教学论新编[M]. 南京：江苏教育出版社，2007.

[85] 李子建，等. 中国语文课程与教学：理论、实践和研究[M]. 北京：人民教育出版社，2005.

[86] 刘朝晖. 语文教育改革论[M]. 成都：四川教育出版社，2006.

[87] 温立三. 语文课程的当代视野[M]. 北京：中国社会科学出版社，2007.

[88] 黄耀红. 百年中小学文学教育史论[M]. 长沙：湖南师范大学出版社，2008.

二、期刊及学位论文

[1] 任长松. 关于课程标准的研究[J]. 山东教育科研，2001（5）.

[2] 吕达. 普通高中课程标准编订原则初探[J]. 课程·教材·教法，1995（5）.

[3] 钟启泉. 学校知识与课程标准[J]. 教育研究，2000（11）.

[4] 柯森. 基础教育课程标准及其实施研究——一种基于问题的比较分析[D]. 上海：华东师范大学，2004.

[5] 吴康宁. 学校课程标准的社会形成[J]. 教育科学，2003（12）.

[6] 石鸥，石玉. 凸显民国新教育精神的《新制中华国文教科书》[J]. 湖南教育·语文教师版，2008（11）.

[7] 唐铭培. 语文的知识、能力与素养三位一体——民国时期中学国文课程标准的演变及其现代启示[D]. 长沙：湖南师范大学，2007.

[8] 郭立亚. 语文课程标准研究[D]. 长春：东北师范大学，2003.

[9] 姜丽萍. 清末民国（1906—1949）小学语文教案研究[D]. 上海：华东师范大学，2008.

[10] 王伦信. 清末民国时期中学教育研究[D]. 上海：华东师范大学，2001.

[11] 李彦荣. 中国中小学课程改革的文化路向[D]. 上海：华东师范大学，2004.

[12] 曾毅. 20世纪前期语文课程变革的文化透析[J]. 教育评论，2004（6）.

[13] 黄小燕. 民国时期语文课程标准演变之管窥[J]. 中学语文教学参考，1998（8）.

[14] 饶杰腾. 以史为鉴加速语文教育现代化[J]. 语文教学通讯，2000（Z4）.

[15] 孟庆欣. 外忧内患的中学语文教育[J]. 中小学教学研究，2000（1）.

[16] 雷实. 中小学语文课程改革三论[J]. 课程·教材·教法，2000（3）.

[17] 武玉鹏. 20年代的语文"课程纲要"[J]. 语文教学通讯，2000（5）.

[18] 陈晓林. 20世纪初语文教学的转型——现代语文教育体系的确立[J]. 山东省农业干部管理学院学报，2005，22（2）.

[19] 王倩．语文教学必须坚持工具性与人文性的统一——对百多年来语文教育发展的思考[J]．首都师范大学学报：社会科学版，2000（5）．

[20] 严仲连．我国中小学课程的发展趋势[J]．昌吉师专学报，2000(4)．

[21] 李维鼎．学习《语文课程标准》更新语文教育观念[J]．湖南教育，2001（22）．

[22] 潘新和．说写观念：从说写一体到说写并重——中国语文教育史论之三[J]．中学语文教学，2001（4）．

[23] 黄霁．二十世纪语文教学大纲回眸[J]．高等函授学报：哲学社会科学版，2000（2）．

[24] 徐国荣，朱长华．对九年义务教育语文课程标准研制的几点思考[J]．中学语文，2000（5）．

[25] 钟启泉．中国课程改革：挑战与反思[J]．比较教育研究，2005(12)．

[26] 饶杰腾．关于语文学科教育的目的[J]．语文月刊，2000（6）．

[27] 顾黄初．语文学科教育的百年步履[J]．中学语文教学参考，1998（1-2）．

[28] 胥永华．课程标准内涵的变化及其对教育改革的影响[J]．现代中小学教育，2001（7）．

[29] 崔峦．学习《语文课程标准》深化语文教学改革（下）[J]．课程·教材·教法，2002（4）．

[30] 张伟忠．新理念新追求——《语文课程标准》解读[J]．山东教育科研，2002（12）．

[31] 钱加清．20世纪前期语文教材建设综论[J]．宁夏大学学报：人文社会科学版，2001，23（5）．

[32] 胡虹丽．坚守与创新：百年中小学文言诗文教学研究[D]．长沙：湖南师范大学，2010．

[33] 崔峦．学习《语文课程标准》深化语文教学改革（上）[J]．课程·教材·教法，2002（3）．

[34] 王丽平．商务版近代中小学语文教科书探究(1904—1937)[D]．石家庄：河北师范大学，2008．

[35] 郑国民．清末民初语文教学发展的矛盾及其变革[J]．教育研究与

实验，1999（3）.

[36] 税锐华. 清末民初语文教育研究[D]. 武汉：华中师范大学，2010.

[37] 叶存洪. 清末"癸卯学制"抄袭日本的原因[J]. 江西教育学院学报，1989（2）.

[38] 王莎微. 贯彻新课程标准 实施大语文教育[D]. 大连：辽宁师范大学，2008.

[39] 王爱华. 民初初小语文教科书不同版本的比较研究——以《共和国教科书新国文》和《新制中华国文教科书》文本为研究对象[D]. 石家庄：河北师范大学，2009.

[40] 郑银凤. 中国百年中学语文课程标准（教学大纲）发展历程研究[D]. 重庆：西南大学，2008.

[41] 吴凌英. 《普通高中语文课程标准（实验）》研究[D]. 长春：东北师范大学，2007.

[42] 吴翠芳. 对《普通高中语文课程标准（实验）》的缺失性研究[D]. 武汉：华中师范大学，2006.

[43] 邱兼顾. 语文课程标准"回归"现象审视[D]. 南京：南京师范大学，2004.

[44] 朱洪波. 国外教育对中国语文教育百年变革影响摭论[D]. 长沙：湖南师范大学，2006.

[45] 王云刚. 《语文课程标准》的阅读教学目标维度研究[D]. 重庆：西南师范大学，2005.

[46] 徐涛. 《语文课程标准》与主体间性研究[D]. 成都：四川师范大学，2007.

[47] 解光穆. 不同时期语文课程标准（大纲）中有关阅读教学规定的比较研究[D]. 兰州：西北师范大学，2003.

[48] 靳健. 语文课程标准的理想境界[J]. 西北师范大学学报：社会科学版，2003（2）.

[49] 李锋. 基于课程标准的教学：从"文本课程"到"教学实践"[J]. 当代教育科学，2009（16）.

[50] 熊梅，曲霞. 关于课程标准问题的国际比较研究[J]. 外国教育研究，1994（3）.

[51] 陈霞. 基于课程标准的教育改革——美国的行动与启示[D]. 上海：华东师范大学，2004.

[52] 崔允漷. 国家课程标准与框架的解读[J]. 全球教育展望，2001（8）.

[53] 廖鹰. 教科书如何充分地体现课程标准——基于新课程小学语文教科书各版本的比较[D]. 长沙：湖南师范大学，2004.

[54] 张艳艳. 试论高中语文课程纲要的精确表述与模糊表述[D]. 长沙：湖南师范大学，2004.

[55] 钟启泉，杨明全. 认识和理解基础教育课程标准和目标[J]. 河南教育，2002（2）.

[56] 石耀华.《普通高中语文课程标准》实验"模块教学"的心理学依据[J]. 现代语文，2005（4）.

[57] 于锦恩. 论民国时期注音识字语文教育政策的制定依据[J]. 雁北师范学院学报，2006，22（3）.

[58] 李明. 民国时期的佛教语文教育研究[J]. 时代文学，2008（23）.

[59] 张哲英. 语文·读书与生活[J]. 语文教学与研究·综合天地，2009（4）.

[60] 张克艳. 语文审美教育与完善人格的塑造[J]. 现代语文·教学研究，2008（10）.

[61] 王林. 论现代文学与晚清民国语文教育的互动关系[D]. 北京：北京师范大学，2004.

[62] 白茹.《教育杂志》与民国时期的小学语文教育研究[D]. 呼和浩特：内蒙古师范大学，2010.

[63] 范远波. 民国小学语文教材研究[D]. 上海：华东师范大学，2007.

[64] 重读民国老课本：从哪里来 到哪里去——关于民国老课本的对话录[J]. 小学语文教师，2009（6）.

[65] 刘浪. 新国文·新文学·新国民——以民国时期叶圣陶国文教育思想为例[D]. 上海：华东师范大学，2006.

[66] 屠锦红，徐林祥. 20世纪语文知识教学述评[J]. 中学语文教学，2009（11）.

[67] 宁冬梅. 小学语文教材演进态势说要[D]. 沈阳：沈阳师范大学，2005.

[68] 任桂平. 文化视野中的语文课程[D]. 上海：华东师范大学，2006.

[69] 郑国民. 二十世纪二三十年代中学语文教学方法的变革[J]. 课程·教材·教法，2000（4）.

[70] 王丽. 清理与反思（续篇）——著名学者教授谈中国语文教育[J]. 北京文学，1998（10）.

[71] 滕子. 挑战与回归——中国当代教育的一种全新追求[J]. 北京文学，1997（8）.

[72] 杨东平. 语文课：我们失去了什么[J]. 北京文学，1998（3）.

[73] 北京文学编辑部. 中国语文教育座谈会纪要[J]. 北京文学，1998（3）.

[74] 王丽. 中学语文教学手记[J]. 北京文学，1997（11）.

[75] 汪波. 关于语文，我不得不说的话[J]. 北京文学，1997（11）.

[76] 邹静之. 女儿的作业[J]. 北京文学，1997（11）.

[77] 孙端. 不敢当语文教师[J]. 北京文学，1997（11）.

[78] 高秀杰. 正视新课程标准背景下的语文性质[J]. 湘潭师范学院学报：社会科学版，2006，28（6）.

[79] 李宇明. 语文现代化与语文教育[J]. 语言文字应用，2002（1）.

[80] 胡小敏.《国文百八课》研究[D]. 金华：浙江师范大学，2004.

[81] 李珂.《文心》的形象化教学思想及其现代启示[D]. 长沙：湖南师范大学，2007.

[82] 王荣生. 语文科课程论建构[D]. 上海：华东师范大学，2003.

[83] 沈玲蓉. 课程论视野的语文教育研究[J]. 语文教学通讯·小学刊，2006（5）.

[84] 王荣生. 语文课程标准所预示的范型转换[J]. 教育研究，2003（2）.

[85] 张承明. 基础教育课改视野中的师范院校教改[J]. 大理学院学报，2007，6（3）.

[85] 江明. 影响中国20世纪的语言课程纲要——民国时期课程纲要介绍（四）[J]. 语文教学通讯，2005（A5）.

[86] 李仲谋. 两位徽州人胡适和陶行知主导制定民国"壬戌学制"[J]. 徽州社会科学，2010（10）.

[87] 韦美日. 清末至建国前课程标准中语文德育目标述评[J]. 广西社

会科学，2004（2）．

[88] 石鸥，文芳．民国教科书之先导——中华书局《中华国文教科书》简析[J]．湖南教育·语文，2008（10）．

[89] 黄光焕．试析"新课程标准"视野下的中学语文三维目标[J]．福建论坛：社科教育版，2010（8）．

[90] 柯森．课程标准体系基本结构分析及其意义[J]．华南师范大学学报：社会科学版，2007（5）．

[91] 杨龙立，潘丽珠．课程标准（教学计划或教学大纲）组成要素的探讨[J]．教育学报，2010（1）．

[92] 李高峰．对课程标准中"行为动词"的质疑[J]．上海教育科研，2010（6）．

[93] 张斌．"课程标准"含义的演变与解读[J]．教育学术月刊，2010（6）．

[94] 辛广勤，丁立斌．课程标准与阅读能力：问题与对策[J]．深圳大学学报：人文社会科学版，2005（4）．

[95] 胡继飞．现行课程标准"目标分类"的问题与建议[J]．中小学教师培训，2008（12）．

[96] 王明盛．论课程标准实施瓶颈的突破策略[J]．新一代（下半月），2010（6）．

[97] 柯森．课程标准起源和演进的历史考察[J]．华南师范大学学报：社会科学版，2004（6）．

[98] 李吉宝．深入研究课程标准培养学生应用意识[J]．曲阜师范大学学报：自然科学版，2010（2）．

[99] 钟柏昌，李艺．对义务教育课程标准整合信息技术的分析（下）[J]．学科教育，2004（6）．

[100] 保护汉字，书法课只是开端[N/OL]．光明日报，[2011-09-21][2011-10-28]．http：//news. xinhuanet. com/edu/2011-09/21/c_122063870. htm．

[101] 教育部．教育部关于中小学开展书法教育的意见[EB/OL]．[2011-08-26] [2011-10-28]．http：//news. xinhuanet. com/edu/ 2011-08/26/c_121916037. htm．

[102] 韩军. 现代中国语文教育的两大痼疾[J]. 中学语文, 2000（3）.

[103] 韩军. 文就是道——百年中国语文教育的历史之思[J]. 山东教育, 2000（8）.

[104] 韩军. 百年中国语文教育十大偏失[J]. 基础教育, 2005（12）.

[105] 韩军. 我国中小学语文教学的病根到底是什么?——百年现代中国语文教育八大关系[J]. 中学语文教学, 2001（1）.

[106] 韩军. 从文以载"道"、文以交际、文"道"合一到文就是道——百年现代中国语文教育的思潮简论[J]. 教育科学论坛, 2001（10）.

[107] 韩军. 语文教育的本质是一种"精神教育"[J]. 中学语文, 2000（7）.

[108] 韩军. 我国中小学语文教学的病根到底是什么？——百年现代中国语文教育八大关系[J]. 中学语文教学, 2001（1）.

[109] 韩军. 正确处理好语文教育的十大关系（上）——对语文教育大讨论的全面回答[J]. 河南教育, 2001（7）.

[110] 韩军. "五四"后中国语文教育的三重误区[J]. 内蒙古教育, 2004（8）.

[111] 韩军. 正确处理好语文教育的十大关系（下）——对语文教育大讨论的全面回答[J]. 河南教育, 2001（8）.

[112] 刘良初, 黄耀红. 打开中国语文教育这扇窗——张良田副教授谈中国语文教育的现状、症结及出路[J]. 湖南教育, 1998（18）.

[113] 韩军. 新语文教育："除新布旧"、"反本归根"[J]. 语文教学通讯, 2005（Z2）.

[114] 韩军. 我的"新语文教育观"[J]. 教育科学论坛, 2004（12）.

[115] 陈莎莉. 语文教育发展的特点及其发展趋势[J]. 华南师范大学学报：社会科学版, 1998（2）.

[116] 桑志军. 百年语文教育研究反思[J]. 中学语文教学, 2004（4）.

[117] 黄小燕. 中国语文教育的现代演进——民国时期基础语文教育的发展成就[J]. 河北师范大学学报：教育科学版, 1998（1）.

[118] 刘正伟. 读经思潮与20世纪中国语文教育（续）[J]. 中学语文教学参考, 1998（5）.

[119] 李佳. 中小学生汉字书写能力退化,教育部要求增书法课[N/OL].

北京晨报，[2011-08-27] [2011-10-28]．http：//news. xinhuanet. com/edu/2011-08/27/c_121919785. htm.

[120] 张农．大陆、台湾九年一贯制《语文课程标准（纲要）》的比较研究[D]．上海：华东师范大学，2004．

三、课程标准

[1] 中华人民共和国教育部制定．全日制义务教育语文课程标准（实验稿）[S]．北京：北京师范大学出版社，2001．

[2] 中华人民共和国教育部制定．普通高中语文课程标准（实验）[S]．北京：人民教育出版社，2003．

[3] 中华人民共和国教育部制定．义务教育语文课程标准（2011年版）[S]．北京：北京师范大学出版社，2012．

后　记

　　《雏形到完善：中国中小学语文课程标准文本的分析与审视》是在我的硕士学位论文的基础上修改完成的。后期的研究主要依托贵州省哲学社会科学规划课题来进行。该课题就研究性质来说，属于语文教育史和语文教育基础性研究，是我一直观照的领域。从历时的角度研究清末以来的语文课程标准，有一定的难度，除去一手资料的收集困难外，主要是这一时期我国语文课程标准以及语文教育变化快，各种力量交织，呈现出难以想象的复杂性。但是，无论何种学科，我们都追求基于标准的教学。因此，对语文课程标准的研究，不能局限于对现行语文课程标准的研究与探讨，也要对我国以往语文课程标准之间的联系、影响、作用进行梳理和考察。本书对清末以来语文课程的变革以及语文课程标准的演变做了较为详细的梳理与考察，并对这一时期语文课程标准的框架结构、教学内容板块、课程目标及内容进行分析，在与当下语文课程标准进行比较的基础上，探讨这一时期语文课程标准显现出的"共性因素"以及"变化因素"。对于语文课程标准的研究，本书算不上开始，也并不意味着结束，后续和相关的研究会有很多。但是对我而言，本书的出版，算是对我八年学术生涯的一个总结，当然，我还会在这一领域继续研究。

　　我对语文教育研究的学术兴趣的形成，首先要感谢曲靖师范学院易灿辉老师，他对于我在语文教学研究领域的兴趣起到了启蒙引导作用。真正促使我迈入语文教学研究门槛的是我的硕士研究生导师张承明教授。在她的门下，我并不是一个优秀的弟子，也不是一个基础很好的学生，但是张老师仍接纳了我，指导我的研究道路和方向，指导我阅读各种有关语文课程与教学的书籍与理论。在三年的硕士学习中，在她的指导下，我逐渐摸索到自己感兴趣的研究方向——语文教育史。从学位论文的选题确定到写作以及修改，张老师给予了许多重要的启发与思考。在此，希望借本书的出版向张老师表示感谢。

后 记

　　参加工作后，在硕士论文的基础上，申报了贵州省哲学社会科学规划课题，对清末民国时期的语文课程标准有了新的认识。工作后的教学及调研，也让我对语文课程标准研究与实践的联系有了新的看法。不管怎样，我们致力于基于标准的语文教学。

　　我还要感谢很多人。感谢同窗三年的赵庆光、龚帅、柳盼盼、何翠梅等人。感谢我的妻子张晓音及女儿谢怡珂带给我的快乐和陪伴。感谢我的父母，感谢凯里学院教育科学学院的领导和同事们，他们给予我的关心和帮助永记于心。

谢　平
2017年7月于凯里